KB080707

어떤 호소의 말들

어떤 호소의 말들

인권위 조사관이 만난 사건 너머의 이야기

초판 1쇄 발행 / 2022년 7월 13일
초판 5쇄 발행 / 2024년 10월 10일

지은이 / 최은숙
펴낸이 / 염종선
책임편집 / 곽주현 홍지연
조판 / 황숙화
펴낸곳 / (주)창비
등록 / 1986년 8월 5일 제85호
주소 / 10881 경기도 파주시 회동길 184
전화 / 031-955-3333
팩스 / 영업 031-955-3399 편집 031-955-3400
홈페이지 / www.changbi.com
전자우편 / human@changbi.com

ⓒ 최은숙 2022
ISBN 978-89-364-8681-5 03300

* 본 도서는 카카오임팩트의 출간 지원금과
  무림페이퍼의 종이 후원을 받아 만들어졌습니다.
* 이 책 내용의 전부 또는 일부를 재사용하려면
  반드시 저작권자와 창비 양측의 동의를 받아야 합니다.
* 책값은 뒤표지에 표시되어 있습니다.

인권위 조사관이 만난 사건 너머의 이야기

어떤
호소의 말들

최은숙 지음

창비
Changbi Publishers

프롤로그: 우린 조금 슬프고 귀여운 존재

누구나 한번쯤 억울해서 죽을 것 같은 기억이 있을 것이다. 몇날 며칠 잠을 못 자고, 악몽을 꾸고, 위장병이 도지고, 10년 넘게 끊었던 담배에 다시 손을 대기도 하고, 폭음과 폭식의 나날을 보냈던 경험 말이다. 어느 날 인터넷에 '억울하다'를 검색해보았는데, 사람들은 별별 이유로 억울함을 호소하고 있었다. 어떤 글에는 사연에 공감하는 수백수천개의 댓글이 달리기도 했다. 억울한 마음은 불공평하거나 부당하다는 생각이 들 때 더욱 커진다. 오랜 노력이나 희생이 물거품이 되었을 때, 실수나 잘못에 비해 과한 처벌을 받았을 때 누구나 억울하고 분하다. 어떤 억울함은 며칠 밤잠 설치는 것으로 훌훌 털어버릴 수 있지만 어떤 억울함은 한 사람의 인생을 끝장내기도 한다.

국가인권위원회(이하 인권위) 조사관으로 일하면서 차마 말로 다 표현할 수 없는 억울함을 끌어안은 사람들을 만났다. 저마다 다양한 사연을 가진 사람들이 인권위에 찾아와 억울함을 호소했다. 그런 사람들의 마음을 보듬고 법과 제도에 '인권의 무늬'를 새기는 것이 조사관의 소명이라고 믿었다. 진정인을 만나고, 현장을 다니고, 보고서를 쓰는 사이 20년이 훌쩍 지나가버렸다. 그 시간 동안 감사하고 행복한 날들도 많았지만 한편으로는 늘 조금 불안했던 것 같다. 인권의 무늬를 새기기는커녕 억울한 마음에 상처만 더 키우는 것은 아닐까 하는 걱정 때문이었다.

사람들은 절박한 마음으로 진정서를 들고 찾아오지만 국가인권위원회법(이하 인권위법)이 정한 조사의 범주와 대상은 그 모든 마음을 담기에는 너무도 작은 그릇일 뿐이라 도움을 호소하는 사람에게 증거를 요구하고 법률의 한계를 설명해야 하는 일에 매번 마음이 부대꼈다. 조사 결과 보고서를 수없이 썼다 지우며 누군가의 고통과 억울함을 행정 문서로 구현하는 것이 진정 가능한 일인지 의심하곤 했다. 조사관 경력이 쌓일수록 보고서에 담지 못한 이야기들이 점점 늘어나 마음 한편에 수북수

북 쌓였다.

조사관들은 보통 한해에 100~200건 정도의 사건을 종결 처리한다. 하지만 조사관의 캐비닛은 언제나 별별 사연이 담긴 사건들로 터질 지경이다. 단순해 보였던 내용도 막상 당사자에게 일의 앞뒤 사정이나 이유를 듣고 나면 하나같이 복잡하고 어려워진다. 애초부터 별게 아니었다면 국가기관에 호소하는 일도 없었을 것이다. 퇴근하기 전에 사연을, 아니 사건 기록을 캐비닛에 차곡차곡 다시 집어넣으며 부탁하곤 했다. '밤새 여기서 쉬도록 해. 나를 따라오는 건 반칙이야.' 그러나 나의 사건들은 페어플레이라는 것을 모르는지 경기 종료와 상관없이 어디든 따라다니며 질문을 해댔다. "이거 인권침해 맞죠? 인권위에서도 안 도와주면 우리는 어디로 가야 합니까?"

조사관이 되기 전 시민단체에서 하던 일도 비슷했다. 종각역 서울YMCA 시민중계실의 좁은 사무실에는 조그마한 비빌 언덕이라도 필요한 사람들의 발길이 언제나 끊이지 않았다. 햇볕 한줌 제대로 들지 않는 그 사무실에서 정말 많은 사람들을 만났다. 의료사고로 자식을 잃은 부부, 리어카를 빼앗긴 노점상, 전세금을 떼인 세입자, 불법 다단계의 덫에 걸린 대학생, 억울한 누명을 썼다며 무죄를 호소하는 사람들… 그들 모두가

분하고 답답한 마음을 이고 지고 우리를 찾아왔다.

"억울합니다. 도와주세요."

이런 호소를 매일 들으며 살게 될 줄 몰랐다. 억울하다는 호소를 들을 때마다 '저도 잘 몰라요' '저한테 왜 이러세요' 같은 말들이 목울대까지 올라왔다. 힘겹고, 피하고 싶고, 나의 잘못된 일 처리로 당신의 인생이 더 나빠질까봐 두렵다고 고백하고 싶었지만 조사관인 나는 그럴 수 없었다. 가능한 한 담담한 얼굴로 프로답게, 감정을 잘 자제하는 사람처럼 굴었다. 결과가 어떻든 당신의 외침이 의미가 없는 것은 아니라고 조그맣게 웅얼거렸다. 그러나 돌이켜보면 누군가의 억울함을 제대로 해결해준 사례는 정말이지 손가락으로 꼽을 정도로 미미했다. 법과 제도의 한계나 개인적 무능도 원인이지만, 합리적 조력이 없었거나 잘못된 선택으로 문제 해결의 적기를 놓쳐버린 경우도 많았다. 사건은 시간이 지날수록 복잡하게 꼬이고 진행 속도가 빨라지기 때문에 브레이크 고장 난 자동차처럼 어딘가 추돌하지 않고서는 멈출 수 없게 된다.

어떤 사연은 정말이지 별거 아닌 것으로부터 시작되었다. 시골집 호박 넝쿨이 이웃의 담장을 넘으면서 시작된 분쟁이 고소와 민원으로 이어지고 급기야 무고죄로 인한 구속이라는 결말로 마무리된 적도 있다. 잘못된 법 때문에 죄 없는 아이들이 사채 빚을 유산으로 물려받아야 했다. 이름을 도용당해 억울하게 구속되어 허위자백을 강요당한 믿지 못할 경우도 있었다. 가게에서 통조림 두개를 훔쳤다는 이유로 1년 넘게 감옥살이한 예도 보았다. 돈이 없다는 이유로, 배움이 짧다는 이유로, 이주노동자라서, 장애인이라서, 비정규직이라서, 결국 어디 한곳비빌 언덕이 없었기 때문에 가벼운 벌금이면 충분할 사안에 징역을 살기도 하고, 억울한 피해를 보고도 사과 한번 받지 못하는 경우 역시 비일비재했다. 억울함이 억울함을 키우는 악순환이 계속되었다.

억울한 일은 당할 때도 차별적이지만 문제 해결 과정에서도 차별이 일어났다. 자기 언어로 억울한 이유를 설명할 수 없는 사람들에게 경찰이나 검찰 또는 민원 처리 기관에서 사용하는 용어들은 외계의 낯선 언어일 수밖에 없다. 인권위에서도 법률에 따라 조사 대상에 해당하지 않을 경우 '각하'를 하게 되어 있는데, 이 단어 하나를 이해하는 데도 큰 노력이 필요한 사람들이 의외로 많았다.

변호인을 고용할 재력도 인맥도 없는 사람들은 억울함을 호소하는 일조차 어려워했다. 나 역시 입만 열면 인권을 말하지만 '약자답게' 조용하고 고분고분 말 잘 듣고 감사할 줄 아는 진정인을 우대했고, 도움받는 처지에 목소리 높여 권리를 주장하면 '악성' 진정인이나 무례한 사람으로 분류하기도 했다. 그런데도 그동안 만났던 많은 진정인들은 내게 미안하고 감사하다는 말을 자주 했다. 사실 별 도움을 주지 못했는데도 그들은 괜찮다고, 감사하다고 인사했다. 욕을 뒤집어써도 모자랄 판에 감사하다는 말을 듣는 것은 도움을 주는 척, 애쓰는 척하며 교묘히 빠져나갈 구멍을 잘 파놓은 '베테랑' 조사관의 위선이 성공했다는 뜻인지도 모르겠다. 위선을 감추기 위해 사건이 많다는 핑계를 댔고, 자주 피진정인이나 법의 한계를 탓했다.

이런 악순환을 조금이라도 예방할 수는 없을까? 누군가 억울한 일로 잠 못 이룰 때, 무작정 분노를 폭발하거나 유명 변호사를 찾아가 큰돈을 들여 소송을 제기하기 전에, 국가가 제도적으로 억울한 피해자들을 구제하기 위해 마련해놓은 다양한 절차들을 잘 활용해볼 수 있다면 좋겠다고 생각했다. 국가기관이 아무리 노력해도 정보의 사각지대는 발생할 수밖에 없으므로, 보다 많은 사람들이 구제 절차를 이해하고 활용하는 방법을 알고 있어야 한다는 생각도 들었다.

프랑스에서는 중등 교육과정에서 가장 중요하게 다루는 내용 중 하나가 '노동권'이라고 한다. 법률적 권리나 의무를 가르치는 것 외에도 노동자로서 피해를 당했을 때 구제 절차를 이용하는 방법, 노조 활동 중에 필요한 단체교섭 기술 등을 미리 배울 수 있도록 다양한 프로그램을 운영한다. 대부분의 사람들이 평생 노동자로 산다는 점에서 노동자의 권리를 학교에서 배우는 것은 얼마나 타당하고 당연한 일인가? 억울한 일을 당했을 때 노동자로서, 납세자로서, 시민으로서 대응하는 기술을 의무교육으로 배울 수 있다면 평범한 사람들이 살아가는 데 얼마나 큰 도움이 될까?

이런 마음으로 쓰기 시작했던 글의 처음 제목은 '억울할 때 읽는 책'이었다. 그런데 글을 써내려갈수록 점점 '권리구제 매뉴얼'이나 '인권 교과서'가 되는 느낌이었다. 그런 지식과 정보를 담은 책은 이미 차고 넘칠 만큼 많은데 말이다. 글을 멈추고 천천히 처음부터 다시 생각했다. 억울함을 예방하기 위해서는 인권에 관한 지식과 정보도 필요하지만, 타인의 이야기에 귀 기울이는 마음이 더 중요하지 않을까? 오랜 고민 끝에 용기를 냈다. 인권위 조사관으로 일하며 만났던 다양한 무늬의 사연을, 그 안에서 때론 기가 막혔고, 때론 안타까웠고, 때론 외면하고 싶었던 나의 마음을 솔직히 고백하기로 했다. 법률과 제도로 규정되는 인권이 아니라 조금 슬프고, 이상하고, 귀엽기도 한 모순된 존재인 우리의 모습 안에서 인권을 말하고 싶었다. 존재하지만 보이지 않는 '웅크린 말들'에 작은 스피커 하나 연결해 세상에 조용히 울려 퍼지게 하고 싶었다.

조사관은 사건 조사가 끝나면 기록철을 만든다. 그동안 읽고 썼던 기록들을 한데 모아 가지런히 모서리를 맞추고 구멍을 내서 검정색 끈으로 묶는다. 풀어지지 않도록 끈을 바싹 돌려 야무지게 묶어야 한다. 이렇게 정돈되어 말쑥해진 조사 기록을 보면 마음이 느긋하고 후련해졌다. 한여름 밤, 샤워를 마치고 베란다에 앉아 아이스티를 마시는 기분과 좀 비슷하다. 그런 점에서 이 책은 또다른 사건 기록이다. 검정색 끈 대신 다정한 마음으로 사건 너머의 이야기를 묶은, 나의 다정 기록이다.

글을 쓰는 내내 겨울방학이 끝나기 며칠 전 밀린 일기를 한꺼번에 몰아 쓰는 기분이었다. 그날 날씨가 어땠는지, 무슨 일이 있었는지, 마음은 슬펐는지 즐거웠는지 오래된 기억을 불러냈다. 어떤 기억은 올이 풀린 스웨터처럼 하나를 당기자 줄줄이 풀려나왔고, 어떤 기억은 봉인된 뚜껑을 억지로 열어야 했다. 오랫동안 마음에 품어왔던 이미지들이 입을 열어 나에게 말하기를 기다렸고 그 이미지를 따라가다 만난 이야기를 받아

적었다. 밀린 일기장을 덮고 나니 마음이 참 후련하다. 물론 밀린 일기 다음에 해야 하는 진짜 숙제들이 널브러져 있는 책상을 곧 마주해야 하겠지만.

레이먼드 카버의 단편 소설 「별것 아닌 것 같지만, 도움이 되는」『대성당』, 문학동네 2014에는 뜻밖의 사고로 아이를 잃은 부부가 낯선 빵집 주인이 내준 롤빵 몇개에 깊은 위로를 받는 이야기가 담겨 있다. 부부가 아들을 잃었다는 말에 빵집 주인은 자신이 할 수 있는 일로써 부부를 위로한다. "내가 만든 따뜻한 롤빵을 좀 드시지요. 뭘 좀 드시고 기운을 차리는 게 좋겠소. 이럴 때 뭘 좀 먹는 일은 별것 아닌 것 같지만, 도움이 될 거요." 오븐에서 갓 꺼낸 김이 모락모락 나는 계피 롤빵과 커피를 마시며 새벽이 될 때까지 빵집 주인과 이야기를 나누는 사이, 부부는 잠깐이나마 아이를 잃은 통절한 슬픔에서 벗어나는 것처럼 보였다. 내가 소개하는 이야기가 빵집 주인이 건넨 따끈한 롤빵 하나만큼의 위안이라도 되기를 바란다.

즐거이 일상을 나누며 조사관의 슬픔과 기쁨을 함께해준 나의 동료들에게 감사의 인사를 전한다. 글 한번 써보라고 나를 계속 채근했던 친구들에게도 고맙다. 그들이 없었다면 이 글은 시작도 하지 못했을 것이다. "엄마 책 언제 나와?"라고 한번씩

툭툭 물어봐서 나를 자극한 아들과 책상에 앉아 끙끙대는 나를 애써 모른 척해줌으로써 부담을 덜어준 남편에게 사랑의 마음을 전한다.

차례

2부 | 고작 이만큼의 다정

일러두기

이 책에 등장하는 사람들의 개인정보 보호를 위해 필요한 경우 알파벳 이니셜을 사용했고,
성별, 장소, 시간 등은 사실관계가 왜곡되지 않는 선에서 변경했습니다.

1부

어떤
호소의 말들

그 남자의 새빨간 거짓말

    C가 교도소에서 출소하자마자 나를 찾아왔다. 그는 내가 조사를 맡아 종결했던 사건의 진정인이었다. 종결된 사건의 진정인이 갑자기 찾아오는 일은 대체로 좋은 징조가 아니다. 그 무렵 조사관들을 놀라게 하는 사건들이 연달아 일어났다. 조사 결과에 항의하는 사람들이 없을 수는 없지만, 어떤 진정인은 화를 내는 수준을 넘어 위험한 행동을 했다. 조사관이 보는 앞에서 제초제를 마시고 자살을 시도한 진정인도 있었고, 조사실 창문을 열고 뛰어내리려는 것을 조사관이 간신히 몸으로 막은 사건도 벌어져 진정인을 만날 때마다 신경이 곤두설 수밖에 없었다.

C가 인권위로 찾아왔던 날, 하필 나는 조사 출장 중이었다. 그는 내가 자리에 없다는 말을 믿지 않으며 막무가내로 나를 불러오라고 소란을 피웠다. 그러다가 끝내는 복도의 소화기를 뜯어서 바닥에 내팽개치고, 한참이나 고래고래 욕을 퍼붓고 갔다고 했다. "최 조사관 있었으면 큰일 날 뻔했어요. 진짜 난리도 아니었어요. 우리가 대신 욕먹느라 어찌나 배가 부르던지 어제 점심도 못 먹었습니다." 다음 날 출근하자 동료 조사관들이 전날 사건을 무용담처럼 들려주며 그가 다시 찾아오면 절대 혼자서 만나지 말라고 당부했다. 그러나 나는 C를 만나지 못한 것이 전혀 다행스럽지 않았다. 그 때문에 초보 조사관으로서 신고식을 호되게 치렀던 나는 그에게 할 말이 많았다. C를 처음 만난 곳은 경기도의 한 구치소였다.

"저는 중국집 주방장입니다."

그는 마치 주방장이라는 직업이 자신의 결백을 증명해주기라도 한다는 듯이 '주, 방, 장'이라는 단어 한자 한자에 힘을 주며 말했다. C는 중국집 손님에게 폭행을 당했는데 수사 과정에서 가해자로 몰렸고 결국 구속까지 되면서 직장도, 인생도 잃어버리게 되었다고 주장했다. 자신의 무고를 증명할 증인들이 충분히 있음에도 경찰은 이를 무시했고, 국선변호인과 판사도 항변을 들어주지 않았다고도 했다. 그는 평범한 자신의 삶이 잘못된 수사로 파국에 이른 과정과 중국집 주방장이 되기까지의 인생 역정을 그야말로 '내러티브'를 살려서 들려주었다. 나는 "어쩜, 세상에, 어머나"를 연발하며 그의 이야기에 몰입했다. 가난한 어린 시절, 아버지의 폭력, 초등학교도 제대로 졸업하지 못한 채 서울로 상경, 이후의 수많은 고생담, 중국집 배달원에서 주방장이 되기까지의 그의 삶은 그야말로 눈물 없이 들을 수 없는 스토리였다.

C가 주장하는 것처럼 피해자가 가해자로 바뀌는 부당 수사가 흔하다고 할 수는 없지만 전혀 없는 일도 아니었다. 그즈음 어떤 경찰서 현장조사에서 만났던 경찰 간부는 농담하듯 고문의 '추억'을 털어놔 나를 새파랗게 얼어붙게 만들었다. "나도 한때 고춧가루 물 좀 뿌려봤습니다. 요즘은 그런 일이 없으니 인권이 얼마나 좋습니까." 영화 「살인의 추억」_{봉준호 감독 2003}에서처럼 무고한 사람을 지하실로 끌고 가 고문으로 허위자백을 받아내던 시절은 아니라 하더라도 힘없는 사람에게 죄를 덮어씌우는 수사 관행의 뿌리까지 사라진 것은 아니었다.

부당 수사 때문에 한 주방장의 인생이 끝장나게 놔둘 수는 없었다. 초보 조사관의 불타는 열정으로 정의를 바로 세우리라 다짐했다. 과장과 선배 조사관들에게 사건의 경위와 인권침해의 심각성을 보고하고 지원을 요청했다. 중요 사건에 붙이는 빨간색 스티커를 사건 기록 맨 앞 장에 경건하게 딱 붙이면서 말이다.

영등포에 있는 문제의 중국집을 찾아갔던 날은 찜통더위라는 표현이 딱 들어맞는 한여름이었다. 선배 조사관과 나는 검은색 정장을 갖춰 입고 무거운 노트북과 휴대용 프린터까지 챙겨서 사건 현장으로 출동했다. 그런데 시작부터 문제가 생겼다. C가 자신의 일터라고 소개했던 '번듯한' 중국집에서는 그를 알지 못한다고 했다. "최 조사관, 진정인이 말한 곳이 여기 맞아요? 좀 이상한데…" 베테랑 선배 조사관은 그렇게 말하며 고개를 왼쪽으로 살짝 갸웃했지만, 나는 분명 무슨 착오가 있었을 것이라고 주장했다. 우리는 C가 일했던 곳을 찾아내기 위해 영등포시장 일대 여러 중국집을 돌아다녔다. 절인 배추처럼 온몸이 땀에 푹 절여졌을 무렵 중국 식자재를 파는 곳에서 진정인을 안다는 사람을 만날 수 있었다.

'그러면 그렇지!' 이제 사건의 팔할은 풀렸다고 확신하던 찰나, 세상에, 식자재 가게 사장이 나의 기대와는 전혀 다른 진술을 하는 것이 아닌가. C의 인상착의를 들은 사장은 얼굴을 한껏 찌푸렸다. "글마가 지가 주방장이라 카던가요? 주방장은 무신… 그냥 심부름, 심부름이나 했지. 그런데 얼마나 술을 처마시는지… 술만 마시면 사람이 돌변해서 개차반이 된다 아이요." 베테랑 조사관이 사건 개요를 설명하자 사장은 자신도 그날 사건을 알고 있다며 C가 술 먹고 폭행 사건을 일으킨 것이 처음이 아니라고 말했다. 그때의 허탈감이란… 우리는 식자재 가게에서 알려준, C가 일했다는 영등포 뒷골목의 작은 중국집도 찾아갔다. 그곳 사장의 말도 앞 가게 이야기와 크게 다르지 않았다.

40도 가까운 한여름 땡볕 아래서도 식은땀이 날 수 있다는 것을 그때 처음 알았다. 진정인의 허풍을 그대로 믿고 여기저기에다 중요 사건이라고 보고했을 뿐 아니라, 우리 인권위에서 바쁘기로 둘째가라면 서러운 베테랑 조사관님을 모셔와 생고생시킨 것을 생각하니 식은땀으로 몸이 얼어붙을 것 같았다. 그냥 이대로 땅으로 꺼졌으면 싶었다. 아무리 초보 조사관이라 해도 이런 실수는 용납될 수 없었다. 될성부른 나무는 떡잎부터 안다는데… 나의 조사관 떡잎은 헛발질로 시작된 셈이다. "선배님, 너무 죄송합니다. 제가 충분히 확인했어야 했는데… 공연히 고생만 하셨어요." 나는 울 것 같은 얼굴로 죄송하다는 말만 연신 반복했다.

　"조사관은 무엇보다 치우침이 없어야 해요. 인권위 업무가 사회적 약자를 위한 일인 것은 분명하지만 그렇다고 조사도 안 하고 진정인의 주장을 사실로 전제하는 것은 옳은 태도가 아니지요. 그래도 너무 자책하지는 말아요. 과정이야 어떻든, 진정인의 주장이 사실이 아니라는 걸 확인했잖아요. 그러니 오늘 현장조사가 다 헛고생은 아니에요." 선배의 말이 모두 옳았다. 중요 사건이라고 떠벌리기 전에 관련 기록을 조금 더 꼼꼼히 살펴야 했다. 실력도 없으면서 정의감에 불타 헛발질했다는 사실이 한없이 부끄러웠다. 불쌍한 표정으로 새빨간 거짓말을 했던 C에게도 화가 났다.

　현장조사 후 C의 진정 사건은 곧바로 종결되었다. 몇 계절이 지나 나도 그를 잊었다. 그런데 그가 어느덧 출소해서 나를 찾아왔다니. C가 찾아와 소동을 벌이고 돌아갔다는 말을 듣고 놀라거나 무섭기보다는 어떻게 그런 새빨간 거짓말을 할 수 있느냐고 따져 묻고 싶은 마음뿐이었다.

　그리고 얼마 지나지 않은 어느 날 늦은 오후, 그가 다시 나를 찾아왔다. 처음에 나는 C를 전혀 알아보지 못했다. 구치소에서 면담할 때의 순한 얼굴은 사라지고 없었다. 강아지 같은 눈망울로 유명 중국집 주방장이 되기까지의 인생사를 곡진하게 이야기하던 C의 모습이 아니었다. 땀에 찌든 티셔츠, 때 묻은 야구 모자 밑으로 보이는 심하게 충혈된 눈, 약간의 술 냄새도 풍겼다. 다행히 얼마 전 찾아와서 소란을 피웠던 모습과는 달리 그는 온순한 태도로 할 말이 있으니 잠시 시간을 내달라고 부탁했다. 술을 마셨냐고 묻자 아니라고 손사래를 치면서 지난밤에 조금 마셨고 오늘 하루 종일 굶었다고 했다. 나는 그를 데리고 건물 지하에 있는 굴국밥집으로 갔다.

뜨거운 국밥 한그릇을 앞에 놓고 나는 그에게 조용히 물었다. "그때 저희가 영등포시장을 헤매면서… 사실 확인을 다 했거든요. 어떻게 그런 거짓말을 할 수 있죠? 하나부터 열까지 거짓말 아닌 것이 없더라고요." C는 고개를 떨어뜨린 채 아무 말 없이 국밥 한그릇을 싹 비웠다. 그러고는 한참 만에 "그게 아녜요… 그런 게 아녜요…"라며 말을 흐렸다. 이후에 C를 다시 만나지는 못했지만 한동안 중국집 앞을 지나갈 때면 종종 C의 새빨간 거짓말이 생각났다. 쉽게 들통날 것이 뻔한 거짓말을 해놓고 출소 후에 나를 찾아왔던 이유가 궁금했다.

그후로 나도 베테랑 조사관 소리를 듣게 될 만큼 제법 긴 세월이 흘렀다. 그 시간 동안 셀 수 없이 많은 진정인의 비슷비슷한 거짓말을 수도 없이 들은 후에야 그 새빨간 거짓말 속에 어떤 일말의 진실이 있을 수도 있겠다는 생각이 들었다.

사람은 누구나 다른 인생을 꿈꾸며 산다. 내가 다른 시대에 태어났다면? 다른 가정에서 자랐다면? 그때 그 선택을 하지 않았다면, 혹은 했다면? 그러면 다른 삶 속에서 더 괜찮은 사람으로 살고 있지 않을까 하는 상상 말이다. C도 가끔은 현재의 '밑바닥 인생'과는 다른, 괜찮은 인생을 살아보는 꿈을 꾸었을 것이다. 그 다른 인생에서 C는 술이나 마시고 행패나 일삼는 허드레 심부름꾼이 아니라 근사한 중국집의 어엿한 주방장이 아니었을까? C는 내게 자신이 꿈꾸던 다른 인생 속 이야기를 들려주었고 나는 그 말을 믿었던 것이 아니었을까?

자신이 꿈꾸던 인생 이야기를 누군가 눈을 반짝이며 진지하게 들어주었을 때, 그 상상의 이야기를 멈추기 어려웠을 것 같다는 생각도 해보게 되었다. 자신이 이야기하는 방향대로 삶이 나아지기를 인권의 이름에 기대어 희망했는지도 모르겠다. 그 희망에 기대어 한번 제대로 살아보고 싶은 진심을 조사관이 믿어주길 바랐던 것일까. 국밥 한그릇을 비운 남자가 벌게진 얼굴로 "그게 아녜요… 그런 게 아녜요…" 하던 말끝에 그런 마음이 들어 있었다고 믿어보고 싶어지는 것이다.

사실 여부를 확인하는 것이 인권위 조사관의 일이라면 사실 너머에 있는 다양한 무늬의 진실을 헤아려보는 것이야말로 인권의 마음이 아닐까 생각하게 된다.

용주골 그 방의 아이에게

　대한민국 축구 대표팀의 월드컵 4강 진출과 그들을 응원하는 '붉은 악마'의 열기로 뜨거웠던 2002년은 한국의 인권 역사에도 뜨거운 한해로 기록될 만하다. 인권운동가들의 오랜 투쟁의 산물이며 김대중 대통령의 공약이기도 했던 '국가인권위원회'가 2001년 11월 출범하고 이듬해 4월부터 본격적인 조사를 시작하면서 어둠에 묻혀 있던 각종 인권 문제가 광장으로 쏟아져나왔다. 몇달 사이에 수천건의 진정 사건이 접수되면서 초보 조사관인 내게도 한꺼번에 200건이 넘는 사건이 배당되었다.

　밤낮으로 진정 사건 기록에 파묻혀 보내던 어느 날, 세간을 놀라게 한 인권침해 사건이 터졌다. 월드컵의 열기가 가시고 인권위가 있는 서울 중구 무교동 거리의 은행나무가 노랗게 물들기 시작한 10월이었다. 스스로 인권의 보루라고 자부하던 검찰의 심장부, 서울지방검찰청(이하 서울지검)에서 조사를 받던 피의자가 고문으로 사망하는, 실로 믿을 수 없는 사건이 벌어졌다. 인권 대통령의 시대였고 월드컵의 환희와 광장의 자유로움을 만끽하며 인권의 대전환기를 맞이했다고 믿었던 국민들은 큰 충격에 빠졌다.

대검찰청의 감찰 수사가 시작되었으나 관련자들은 고문 사실을 모두 부인했다. 사망한 피의자가 난동을 부리고 자해를 시도해 말리느라 몇대 때리긴 했지만 사망에 이를 정도는 아니었다는 주장이었다. 어느 순간부터는 사망자가 조직폭력배의 일원이었고 살인 혐의를 받고 있었다는 언론 보도들이 쏟아졌다. 수사 책임자였던 서울지검 강력부 담당 검사에 대한 동정론도 등장했다. 열정과 소신을 갖고 정의를 위해 노력해온 검사가 '우연한 사고' 때문에 추락하게 되었다는 것이었다. 이런 여론의 흐름 속에 대검찰청 감찰부는 서울지검 강력부의 수사관과 파견 경찰관 들을 '특정범죄가중처벌법상 독직폭행치상' 혐의로 구속하며 조기 수습에 들어갔다. 기존의 많은 국가폭력 사건들이 그랬듯이 검찰 심장부에서 벌어진 또 하나의 사건이

'셀프' 수사의 결말을 통해 그렇게 조용히 마무리되어가는 것처럼 보였다.

그런데 그때 '그런 일을 하라고 만든' 인권위가 등장했다. 인권위는 서울지검에 대한 직권조사를 결정하고(인권위법에 따라 진정이 없는 경우에도 인권침해나 차별 행위가 있다고 믿을 만한 상당한 근거가 있고 그 내용이 중대하다고 인정할 때는 직권으로 조사할 수 있다), 나를 포함한 30대 초반의 여성 조사관 세명과 남성 조사관 한명을 중심으로 직권조사단을 구성했다. 전직 변호사였던 단장을 제외하면 전부 초보 조사관들이었다. 막 출범한 인권위의 시험 무대가 될 국가권력기관의 인권침해 사건이기도 했고, 으레 직급 높은 남성이 중심이 되는 공무원 사회의 관행을 생각하면 매우 이례적인 구성이었는데, 정작 인권위에서는 그게 특별하다고 느끼지 않았다. 그 시절 인권위 사람들은 지금보다 훨씬 용감했거나 무모했던가보다. 그리고 무엇보다 부족한 실력과 경험을 열정과 진정성으로 극복할 수 있다는 믿음이 있었던 것 같다.

지금도 그렇지만 그때는 더욱이, 검찰은 무소불위의 권력기관이었다. 고문과 같은 인권침해 사건을 조사하라고 만든 인권위의 현장조사조차 검찰 관계자들은 말도 안 되는 이유를 들어 거부하거나 지연시켰다. 여러 우여곡절 끝에 서울지검으로 첫 현장조사를 갔을 때였다. 현장조사에서 우리가 처음 대면한 것은 거대한 회의실 한가운데에 일렬횡대로 서 있던 조사 대상 수사관들이었다. 유도선수를 방불케 하는 체격에 검은 양복을 입은 그들은 뒷짐 진 자세로 한치의 흐트러짐 없이 마치 군대 열병식을 연상시키는 모습으로 서 있었다.

그들이 기대했던 인권위 조사단의 모습이 어떤 것이었는지는 모르겠지만 '젊은 여성들'을 마주한 그들은 당혹감을 감추지 못했다. "안녕하세요? 아휴, 왜 이렇게 힘들게 서 계셨어요. 많이 기다리셨죠? 죄송합니다" 하며 상냥하게 폴더 인사를 했을 때, 빳빳이 경직되어 있던 그들이 목뼈가 부드럽게 내려앉는 것을 분명히 보았다. 초보 조사관이던 우리가 기댈 것은 정말이지 열정과 상냥함, 그리고 진정성밖에 없었기에 우리는 정말 그렇게 했다. 돌이켜보면 그것이 제대로 된 조사였다고 할 수 있을지 의심이 든다. 하지만 수사관들의 하소연과 변명과 억울함을 성심껏 들어주는 과정에서 강력히 혐의를 부인하던 수사관들이 일부 가혹행위를 자백하기도 했다. 그들은 '윗분이 시키는 일'을 '늘 해오던 대로' 했을 뿐인데, 자신들만 가해자로 몰리게 되었다며 억울해했다. 강도 높은 감찰 수사를 받던 수사관들은 추궁은커녕 공감 어린 태도로 자신들의 변명을 들어주는 인권위 초보 조사관에게 조금씩 속마음을 털어놓으며 후련해했다.

열정이나 진정성으로 채우지 못하는 공백은 우연 혹은 행운에 맡겨야 한다는 것을 그때 배웠다. 고문 장소인 서울지검 특별조사실 1146호 현장조사를 갔을 때였다. 우리를 안내했던 검찰 관계자는 '기밀 시설'인 특별조사실 외부 공개는 역사상 처음 있는 일이라고 설명했다(특별조사실은 이후 전부 폐쇄되어 역사 속으로 사라졌다). 엘리베이터에서 내려 여러개의 철문을 통과한 후 도착한 특별조사실은 좁은 복도를 가운데 두고 대여섯평짜리 방 예닐곱개가 마주 보고 있는 형태였다. 모두 창문이 없는 방이었는데, 각 방에는 간이침대 한개와 책상이, 방에 딸린 화장실에는 작은 세면대와 변기가 있었다. 좁고 오래된 모텔 방 같은 모습이었다. 인권위 방문에 대비해 이미 청소까지 마친 상태였다. 낡은 형광등이 유난히 번쩍거렸다.

검찰 관계자들은 어차피 조사해도 아무것도 나올 게 없다는 듯 태연했다. 나는 그들의 눈빛을 느끼며 애써 침착한 척했다. 그러다가 우리 중 누군가 침대 매트리스 깊숙한 곳에서 구타 도구로 사용된 것이 분명한 50센티미터 길이의 경찰봉을 찾아냈다. 완벽할 정도로 깨끗하게 청소된 현장에서, 대검찰청 감찰

부의 현장검증에서도 발견되지 않았던 '방망이'가 인권위 초보 조사관들 앞에 나타난 것이다. 마치 그동안 특별조사실에서 벌어졌을 무수한 불법수사의 진실을 밝혀달라고 누군가 일부러 가져다놓은 것처럼.

사망한 피해자 J와 공범으로 조사받던 사람들의 진술, 진찰 기록, 국립과학수사연구소의 피해자 부검 결과 등 특별조사실에서 행해진 고문과 가혹행위의 증거들이 인권위 조사 과정에서 계속 확인되었다. 피해자 J 등은 불법체포 상태에서 특별조사실로 끌려갔고 반나체 상태로 수갑이 채워져 칠흑같이 어두운 조사실에 상당 시간 갇혀 있었다. 이런 상태라면 대부분의 사람들은 물리적 폭력이 없더라도 극심한 공포심과 수치심을 느낄 수밖에 없다. 이후 수사관들에 의한 무차별 폭력과 성고문 등 가혹행위가 이어졌다. 일부 물고문의 흔적도 확인되었다. 인권위 조사가 시작되면서 여론의 흐름이 크게 바뀌었고 결국 담당 검사 등이 고문 및 폭행치사 혐의로 구속되었다. 수사 검사가 수사상의 잘못으로 구속된 것은 그때가 처음이었다.

피해자의 가족을 면담하기 위해 경기도 파주를 찾아갔다. 파주 용주골의 허름한 유흥업소에 딸린 방에서 피해자의 노모와 대여섯살 정도의 아들이 살고 있었다. 잡동사니들이 널려 있는 좁은 방은 어둡고 환기가 되지 않았다. 노모와 이야기를 나누는 내내 아이는 있는 듯 없는 듯 조용히 흰 도화지에 기하학적 무늬를 그리며 놀았다. 노모는 수사 상황에 대해 대체로 아는 것이 없었고 그저 잘 부탁드린다는 말과 손주를 어떻게 키워야 할지 막막하다는 말만 했다. 이후 조사관으로 일하면서 나는 유사한 장면을 숱하게 목격했다. 인권침해 사건이 발생하면 매시간 속보가 뜨고, 개선책을 마련하겠다며 떠들썩한 말잔치가 벌어지고, 수사와 재판이 진행되지만 피해자들은 덩그러니 홀로 남겨졌다. 연극이 끝난 무대 위 소품처럼. 관객들은 집으로 돌아갔고, 무대는 어둠에 잠겼다.

글을 쓰면서 이 사건 담당 검사가 1심에서 고문 및 폭행치사를 공모하고 방조한 혐의로 징역 3년을 선고받았으나, 항소심에서 형량이 반으로 줄었고 대법원에서 1년 6개월 확정판결을 받았다는 것, 그리고 몇년 뒤 특별 복권된 사실을 알게 되었다. 여러 뉴스와 기사가 대법원 판결에 따른 실체적 진실과는 사뭇 다른 주장을 피력하고 있었다. 그러나 어디에도 사망한 J와 다른 피해자들에 관한 소식은 없었다. 2020년 국정감사에서 당시 검찰총장이 서울지검 사건을 검사가 '사람을 패 죽인 사건'이라고 표현했다가 여러 의원들의 사과 요구를 받았다는 기사도 검색되었다. 이 역시 그 표현의 품격 없음이 거론되었을 뿐 국가의 책임이나 고인의 명예에 관한 문제 제기는 아니었다.

인권침해 가해자들의 말은 학연, 지연, 학벌, 돈과 권력으로 만들어진 성능 좋은 마이크를 통해 세상에 울려 퍼지지만 마이크가 없는 피해자들의 말은 들리지 않는다. 서울지검 사건도 예외가 아니었다. 대통령이 직접 사과하고 법무부장관과 검찰총장이 물러나야 했던 충격적인 인권침해 사건이었음에도 가해자들은 이런저런 사유로 짧은 형을 살고 풀려났고, 그 이후 피해자의 삶에 관해서는 아무도 모르는 사건이 되고 말았다.

이 사건을 떠올릴 때면 언제나 용주골의 작고 어두컴컴한 방에 엎드려 낙서를 하던 아이가 생각난다. 초보 조사관이던 내가 20년 차 조사관이 되는 사이, 그 아이도 20대 청년이 되었을 것이다. 청년이 된 그가 어떤 삶을 살고 있을지 궁금하다. 2002년 월드컵의 열기는 여전히 또렷한데 검찰의 심장부에서 일어났던 고문 사건에 관한 기억은 가뭇하기만 하다. 인권침해 가해자들에 대한 심판이 끝난 뒤에도 피해자의 삶은 계속된다는 사실을 우리는 쉽게 잊어버리는 것 같다.

그는 어떻게 장발장이 되었나

한때 '예쁜엽서전시회'까지 열었던 MBC의 장수 라디오 프로그램 「별이 빛나는 밤에」의 진행자도 이제 손편지 사연은 거의 받지 못하는 시대가 되었다. 하지만 인권위 조사관은 여전히 다양한 형태의 손편지를 받는다. 손편지 하면 떠오르는 정성이 가득 담긴 글씨와 귀여운 그림 같은 아날로그 감수성과는 사뭇 다르지만 교도소나 유치장, 정신병원 등에서 보내온 봉투에는 누군가가 손으로 한자 한자 꾹꾹 눌러쓴 편지가 담겨 있다. 이런 편지들은 휘갈긴 글씨체, 의미를 알 수 없는 내용, 띄어쓰기를 아예 안 한 문장, 알 수 없는 이유로 글자를 깨알같이 작게 쓰거나 아이 주먹만큼 크게 쓰기 등 해독 그 자체가 일이 되는 경우가 많다. 그런 손편지 사이에서 한번은 기이하게 느껴질 정도로 보기 드문 아름다운 필체의 편지를 발견했다. 손글씨 교본에 나올 법한 글씨를 닮은 정갈하고 반듯한 필체를 가진 주인공의 이야기는 글씨체만큼이나 비현실적인 사연이었다.

명문대를 졸업하고 대기업 간부로 일하다가 어떤 연유로 해고가 된 후 오래도록 노숙생활을 해왔다고, 그는 자신을 소개했다. 중년의 '라떼는 말이야'만큼이나 진정인들의 '예전엔 말이야'도 흔한 레퍼토리지만 글씨체 때문인지 편지의 내용이 순정한 사실처럼 느껴졌다. 그는 생필품 매장에서 참치 통조림 두개를 훔쳤다는 이유로 구속되었는데, 자신은 노숙생활 중에 배가 고파 음식을 훔치거나 무전취식으로 처벌받은 적은 있지만 참치 통조림만큼은 절대 훔치지 않았다고 주장했다. 겨우 통조림 두개로 구금이 되었다는 사연을 믿기 어려웠지만, 그의 글씨체 때문이었을까, 일단 만나서 자세한 내용을 들어보고 싶었다.

구치소에서 그를 부르기 전에 재판 기록 일부를 살펴보았는데, 그의 말은 사실이었다. 구속 관련 서류에는 이런 문장이 쓰여 있었다. "21:00 무렵 ○○시의 ○○매장에서 6,000원 상당의 참치 통조림 2개를 절도함." 장발장이 빵 한조각을 훔쳐 옥살이하던 19세기도 아니고 요즘 시대에 무슨 통조림 두개 때문에 사람이 구속될까 생각했는데 그런 일이 버젓이 일어나고 있었다. 구치소 조사실에서 그를 마주하고 보니, 그는 자신의 글씨체만큼이나 점잖은 사람이었다. 별거 아닌 일로 먼 길 오시게 했다며 나를 보자마자 미안하다고 했다. 통조림 두개는 별거 아닐지 몰라도 그것 때문에 구금된 일은 별거 아닌 게 아닌데⋯

가끔 배고픔 때문에 음식을 훔친 사례가 언론을 통해 보도된다. 인천의 한 마트에서 아버지와 아들이 식료품을 훔치다 적발되었는데 훔친 물건이 우유 두개, 사과 여섯알, 음료수였다는 뉴스가 있었다. 붙잡힌 아버지는 너무 배가 고파서 그랬다며 잘못을 시인했고 경찰이 이 부자를 훈방 조치하고 따뜻한 국밥을 대접했다는 미담이 인터넷을 통해 알려졌다. 국밥을 먹는 도중 이름을 밝히지 않은 한 시민이 20만원이 든 봉투를 부자에게 건네주고 사라진 사실도 알려지면서 더 큰 화제가 되었다. 담당 경찰은 언론과의 인터뷰에서 "법보다 사람이 먼저"라는 말을 남겼다.

우리가 좋아하는 이야기는 이런 미담이지만 현실의 법은 훨씬 더 냉정하고 준엄하다. 아름다운 손글씨를 쓰는 이 남자는 언론에 소개된 아버지와는 달리 참치 통조림 절도를 끝까지 인정하지 않으면서 구속되기에 이르렀다. 법원이 보기에 그가 음식을 절도했던 전과가 여러번 있고 주거도 불분명한 데다 반성은커녕 죄를 부인했기 때문에 도주의 우려가 크다고 판단했던 것 같다.

이후에 나는 경찰서로부터 받은 수사 자료를 꼼꼼히 살펴보았다. 남자의 가방에서 통조림 두개가 발견된 것은 사실이지만 그것을 해당 매장에서 훔쳤다는 증거는 어디에도 없었다. CCTV에도 그가 통조림을 가방에 넣는 장면은 나오지 않았고, 심지어 증거인 통조림은 경찰이 현장에서 바로 압수해 업주 측에 넘긴 바람에 재판이 시작되었을 때는 이미 팔려버린 상태였다. 통조림이 물증으로라도 남겨져 있었다면 제조번호 등을 조사해서 남자가 주장한 대로 서울 종로의 다른 가게에서 판매된 것인지 확인할 방법이 있었을지도 모르겠다.

현장에서 남자를 체포한 경찰들은 압수물인 통조림을 업주에게 돌려준 것은 잘못이지만 그가 분명 범인이라고 주장했다. 하지만 증거가 없는데 어떻게 범인이라고 단정하느냐는 질문에는 답을 하지 못했다. 재판 중에도 진실 공방이 이어졌다. 나는 재판을 방청하면서 기이한 느낌을 받았다. 검은색 법복의 판사와 검사, 그리고 증인으로 나온 경찰, 생필품 매장 직원들, 속기사와 방호 인원, 막대한 분량의 서류 더미와 CCTV 기록,

엄숙한 재판장의 이 모든 풍경이 참치 통조림 두개를 훔친 범인을 찾기 위함이라니. 마치 셰익스피어의 「한여름 밤의 꿈」 같은 소동극을 보는 기분이 들었다. 이것이 우리가 진정 원하는 법의 정의일까?

인권위는 피고인의 유죄나 무죄를 밝히는 조사를 하는 곳이 아니다. 범죄의 진실을 파악하고 유무죄를 판단하는 것은 수사기관과 법원의 역할이다. 인권위는 체포와 구속과 재판의 절차 중에 피의자나 피고의 권리가 침해되었는지 조사하여 인권침해 여부를 밝히는 역할을 한다. 통조림 사건에서 인권위 조사관인 나의 역할은 적법한 절차에 의해 증거품인 통조림이 압수되고 폐기되었는지를 확인하는 것이어야 한다고 생각했다. 통조림 두개를 훔쳤다는 혐의로 한 사람을 구속시키는 것이 법의 엄격함이라면, 그 과정의 적법절차는 더욱 엄격하게 지켜져야 하지 않을까.

조사관으로서 나의 생각을 인권위원들에게 잘 전달하는 일은 늘 어려운 숙제였다. 진정 사건이 인권침해에 해당하는지 아닌지를 결정하는 일은 열한명의 인권위원들의 몫이다. 조사관은 진정 사건의 조사 결과를 쟁점별로 정리해 사건 담당 소위원회에 안건으로 상정하고, 회의에 출석해 해당 사건이 왜 인권침해인지 혹은 아닌지를 설득력 있게 피력해야 한다. 통조림 사건에 대한 심의·의결 일정이 다가오면서 여러 걱정이 교차했다. 인권위원들에게 경찰의 통조림 압수 과정상의 문제점과 진정인의 피해에 대해 잘 설명할 수 있을까?

소위원회가 있던 날, 막 안건 내용을 설명하려는 내게 소위원장이 물었다. "최 조사관, 보고서에 나온 내용은 이미 읽어봤고요, 핵심만 설명해보세요. 그러니까 통조림을 현장에서 식료품 매장에 그냥 돌려준 것이 인권침해라는 말인가요?" 정해진 시간 안에 수백건의 진정 사건을 심의해야 하는 인권위원들은 언제나 핵심만 보고하길 기대한다. 이해가 안 되는 것은 아니지만 '핵심만'이라는 말 앞에서 늘 주눅이 들었다. 『레 미제라블』의 대서사가 '간단히 말해' 촛대를 훔친 장발장과 그를 용서한 신부의 이야기가 되는 것처럼, 세상의 많은 사건들도 '핵심만' 떼어내면 대개가 별거 아닌 단순한 이야기가 되고 마니까. 핵심만 추출된 진정인의 사연이 혹여 그런 식으로 그려질까 싶어 이말 저말 덧붙이다보면 나의 말은 점점 핵심에서 멀어지는 듯 느껴졌다.

"통조림 두개가 별거 아닌 것 같지만, 그것 때문에 한 사람이 구속되었습니다. 통조림 때문에 사람이 구속되어야 한다면,

그와 관련된 절차 역시 적법하게 진행해야 한다고 생각합니다. 통조림은 압수물 규정에 따라 압수물로 처리되어야 하는데, 담당 경찰관들은 업주에게 그냥 돌려줬습니다. 그것은 수사도 하지 않은 채 진정인의 절도 혐의를 단정한 것이고, 이는 압수와 환부에 관한 규정을 명백히 위반한 것입니다. 이러한 경찰의 행위는 적법절차를 위반한 인권침해에 해당하는 것으로 판단됩니다."

나는 통조림 사건이 재판에 관한 사항이 아니라 경찰 수사의 적법절차에 관한 사항이라는 점을 설득하고 싶었다. 하지만 우려한 대로 인권위원들은 사건의 판단을 보류했다. "무슨 말인지 알겠어요. 그런데 최 조사관, 인권위가 통조림 두개로 생긴 문제까지 인권침해 여부를 판단해야 합니까? 일단 절도죄 재판의 경과를 더 지켜보도록 합시다."

개인적으로 납득할 수 없는 결정이었지만, 인권위원들의 결정대로 재판 결과를 지켜보는 수밖에 없었다. 사실 재판 진행 과정을 계속 모니터링해온 나로서는 크게 걱정하지 않았다. 인권위의 결정이 나왔다면 그의 무죄 판결에 도움이 되었겠지만, 인권위 도움이 없어도 증거 부족으로 그에게 무죄가 선고되리라 믿었다. 무죄 판결도 중요했지만 무죄 판결로 받게 될 얼마간의 형사보상금˙이 그에게 더 실질적인 도움이 될 것 같아 그가 재판에 성실히 임하길 바랐다.

그러나 참치 통조림 절도 사건의 진실은 끝끝내 밝혀지지 못했다. 재판이 길어지면서 그는 불구속 상태로 재판을 받게 되었는데,˙˙ 석방된 이후 그가 재판에 나타나지 않았다. 결국 통조림 사건은 피고인이 도주한 사건이 되었고, 궐석재판˙˙˙의 관행에 따라 검사가 구형한 1년 형이 그대로 확정되어 곧바로 수배 조처가 내려졌다. 그가 왜 그런 어리석은 선택을 했는지 이해되지 않았다. 그리고 몇달이 지난 후 그가 체포되었다는 연락을 받았다.

나는 다른 사건으로 교도소 조사를 갔다가 그와 잠깐 면담을 했다. 그는 이번에도 별거 아닌 일로 먼 걸음을 하게 했다며 사과했다. 그는 거주지가 없어 법원이 보낸 출석통지서를 받지 못했다고 변명을 하면서 자신은 무죄이기 때문에 재판에 나가

˙ 형사 피의자 또는 피고인으로 구금되었던 사람이 불기소처분을 받거나 무죄 판결을 받았을 때 국가에 형사보상금을 청구할 수 있다. 1일 최저임금액의 다섯배까지 보상받을 수 있다. 2022년 기준 형사보상 1일 최고액은 36만 6,400원이다.

˙˙ 법원의 피고인에 대한 구속 기간은 최대 6개월이다. 이 기간이 지나면 피고인은 석방되고 불구속 상태에서 재판을 받는다.

˙˙˙ 궐석재판이란 피고인이 공석인 상태에서 재판하는 것이다. 궐석재판은 피고인 없이 진행되는 재판인 만큼 피고인의 입장에서 항변할 기회가 사라지므로 일반 재판보다 피고인에게 훨씬 불리할 수밖에 없다.

지 않아도 괜찮을 거라 확신했다고 말했다. 어쩐지 그 말을 하
는 남자의 눈이 빈 항아리 속처럼 컴컴했다. 진실을 알 수 있는
방법은 더이상 없었다. 그때가 막 겨울이 시작되던 시기였다.
교도소를 빠져나오는데 금세 눈이 내릴 것처럼 사위가 어두워
지고 걷기 힘들 정도로 찬바람이 몰아쳤다. 그리고 문득 깨달
았다. 그가 참치 통조림 때문에 체포되던 밤이 12월 24일, 크리
스마스이브였다는 사실을.

누군가의 제일 좋은 옷

편견과 고정관념이야말로 인권침해의 시작이라고 입버릇처럼 말하는 인권위 조사관이지만 막상 내 일이 되면 그 편견에서 쉽게 벗어날 수 없음을 때때로 느낀다. '악성' 진정인으로 보이는 사람에게는 가능한 한 사무적인 태도를 취해 꼬투리 잡히지 않는 게 중요한 '조사의 기술' 중 하나라고 믿었던 나를 크게 한방 먹인 이가 바로 A였다.

A는 틈틈이 서울의 한 파출소를 감시(?)하여 진정서를 썼다. 그 내용은 대개 이렇게 시작되었다. '경찰이 근무 중에 프로야구 중계를 봤습니다.' '순찰차를 아무 곳에나 세워놓고 낮잠을 잤습니다.' 어느 날은 이런 것도 있었다. '파출소장이 양치질하

면서 양칫물을 도로에 함부로 뱉었습니다.' A는 며칠이 멀다고 이런 내용들로 가득한 진정서를 내게 보냈고 전화를 걸어 묻곤 했다. "이것도 인권침해 맞죠? 공무원이 이래도 되나요? 철저히 조사해주십시오."

'베테랑' 조사관인 나는 A의 스타일을 쉽게 간파했다. 그는 별거 아닌 일로 꼬투리를 잡는 사람이고, 혹여 작은 실수라도 하면 나를 직무유기나 직권남용 같은 어마어마한 죄로 고소할 수 있는 '초고도 위험군'이었다. 그래서 그가 하는 이상한 행동의 이유를 알려고 하기보다는 일부러 어려운 법률용어를 들먹이며 사무적인 태도를 보였다. 그것이 A 같은 유형의 사람에게 적용해야 할 조사의 기술이라고 생각했다.

A가 보내는 서류들로 사건 기록이 중년의 허리둘레처럼 늘어갈 무렵, 문제가 된 파출소를 찾아갔다. 경찰들은 나를 보자마자 끝없는 하소연을 했다. 왜 아니겠는가? 민원이 제기되면 사실 여부를 떠나 해명하고 보고해야 하는 것이 공무원들의 숙명이기에 동병상련의 마음이 들었다. 30분쯤 지나 진정인이 파출소로 들어왔다. 조사실로 마련된 회의실에서 단둘이 마주 앉았을 때 A는 자신을 하루 벌어 하루 사는 사람이라고 소개하며 조사를 나와주어서 진심으로 고맙다고 했다. "오랜만에 인력

회사에서 연락이 왔었거든요. 그런데 갑자기 조사관님이 연락을 주셔서… 제가 오늘 하루 일당을 포기하고 나왔습니다. 제가 조사관님 만나려고 제일 좋은 옷 입고 왔습니다." 멋쩍은 듯 상기된 얼굴로 어깨를 한번 들썩이며 그가 웃었다. 그의 '제일 좋은 옷'은 통이 넓은 회색 양복바지와 갈색 체크무늬 잠바였는데, 유행이 한참이나 지나 보였고 5월 말 더워진 날씨에 입을 만한 옷도 아니었다.

"동네에서 자주 불심검문을 당했는데 기분이 나쁘더라고요. 그날은 경찰관을 피해서 길을 건너다가 무단횡단으로 잡혔어요. 아무리 사과해도 봐주지 않고 딱지를 떼는 겁니다. 하루 일해도 얼마 못 벌거든요. 저한테는 그게 큰돈인데 얼마나 억울한지 어디 하소연할 곳도 없고…" 그러던 어느 날 A는 순찰차에서 낮잠을 자는 그 경찰관을 우연히 보게 되었다고 했다. "법이 그렇게 무서운 거라면서요? 그런데 자기들은 아무 데나 불법주차하고 근무 시간에 막 자고 그래도 됩니까? 너희도 한번 당해봐라, 이런 생각이 들지 않겠어요?"

매일같이 파출소 근처를 서성이고, 자기만의 논리로 이상한 진정서를 써서 여러 기관에 제출하는, 소모적이고 무용해 보이기만 한 행위가 알고 보니 A의 몸부림이고 외침이었다. 약자에게 더욱 엄격하고 불리한 법과 제도를 향한, 낡은 양복 한 벌 가진 이의 인정투쟁이었던 것이다. 악성 진정인을 빠르게 간파하는 것이 유능한 조사관의 기술이라고 믿어왔던 나는 말문이 막혔다.

핀란드를 비롯해 스웨덴, 덴마크, 독일, 오스트리아, 프랑스, 스위스 등 소위 선진국의 여러 나라에서는 이미 오래전부터 '일수벌금제'라는 제도를 채택하고 있다. 일수벌금제는 벌금 행위자의 수입에 따라 벌금을 다르게 부과하는 제도다. 일수벌금제가 잘 정착된 핀란드에서 한 기업의 대표가 속도위반을 해 우리 돈으로 2억원 가까운 벌금을 냈다는 일화는 꽤 유명하다. 벌금과 소득을 연동하는 방법은 같은 범죄 행위에 같은 처벌(형량)을 해야 한다는 법의 원칙을 실질적으로 구현하기 위한 좋은 방안이라고 생각한다. 우리나라에서도 여러 시민단체에서 이 제도의 실행을 요구하고 있지만 '법의 공정성'을 흔든다는 이유로 오랫동안 논의에만 머무르고 있다.

하루 벌어 하루 산다고 말하는 진정인, 고액 연봉자, 나 같은 평범한 공무원, 각자가 느끼는 돈의 가치가 다를 수밖에 없는데 누구나 동일한 액수의 벌금을 내야 한다면 그것이야말로 불공정한 일이 아닐까? 우리나라에도 이와 같은 제도가 있다면 경비원을 폭행하고 갑질을 일삼던 기업 회장에게 벌금 200만원이 부과되었다는 허탈한 뉴스를 듣는 일이 더이상 없지 않을까.

A는 '악성 민원인'인 자신의 말을 들어주어 고맙다는 인사를 하고 진정 취하서를 쓴 뒤 조용히 파출소를 떠났다. 차라리 그가 "무단횡단 한번 눈감아줬다고 법의 정의가 훼손됩니까? 가벼운 법 위반을 이유로 어떤 이의 하루치 일당을 국가가 빼앗는 것이 정당한 법 집행입니까?"라고 목소리를 높였다면 같이 동조라도 하면서 나의 불편한 마음을 털어낼 수 있었을까. 경찰들은 민원을 종결해준 조사관의 '특별한 능력'을 칭찬했지만, 사실 나는 특별한 능력을 발휘하기는커녕 A의 하루 벌이 기회만 날리도록 만들었다. 하루 벌이를 포기하고 '가장 좋은 옷'을 입고 나온 A에게 따뜻한 말 한마디 건네지 못한 것이 오래도록 후회되었다.

신이 아닌 우리의 책임이다

외국의 낯선 도시, 말이 통하지 않는 곳에서 갑자기 어딘가로 끌려가 갇히게 된다면? 거기 있는 누구도 나를 끌고 온 이유를 설명해주지 않고 내 이야기를 들으려 하지 않는다면? 이상한 이름으로 불리고 정신과 약을 매일 먹어야 한다면? 그런 상태로 1년, 2년, 3년 그리고 4년, 5년, 6년이 지났지만 아무도 나를 찾지 않는다면? 공포영화 같은 이런 상황에 처하게 된다면 나는 무엇을 할 수 있을까? 제발 악몽에서 깨어나게 해달라고, 내가 아는 모든 신에게 기도하는 것 말고 더이상 할 수 있는 일이 있을까?

상상하고 싶지도 않은, 이런 '믿거나 말거나' 한 사건이 찬드라에게 일어났다. 1992년 2월, 네팔에서 온 이주 노동자 찬드라는 서울의 한 섬유공장에서 보조 미싱사로 일하던 중이었다. 그녀는 공장 근처 분식점에서 라면 한그릇을 먹은 뒤 지갑이 없다는 것을 알게 된다. 누구든 찬드라가 섬유공장으로 연락할 수 있도록 하기만 했다면 가볍게 끝날 에피소드였지만, 그녀는 순식간에 '이상한 말'을 하는 부랑자로 구분되어 부녀자보호소를 거쳐 정신병원에 감금된다. 그리고 그후 찬드라는 정신병원에서 '선미야'라는 이름으로 불리며 6년 3개월 26일 동안 감금되어 있었다. 그의 이름이 선미야가 아닌 찬드라이고 이상한 말은 네팔어라는 사실이 밝혀지기까지 6년 3개월 26일이나 걸린 것이다. 찬드라는 한국 인권단체의 도움을 받아 피해소송에 어렵게 이겼지만 배상액은 고작 2,860만원에 불과했다.

2003년 박찬욱 감독은 찬드라의 사연을 「믿거나 말거나 찬드라의 경우」라는 제목의 영화로 만들었다. 그는 이 이야기를 통해 인권침해에 고의가 필요한 것은 아니라는 말을 전하고 싶었다고 했다. 잔인한 고문을 행하거나 진실을 조작해 무고한 유학생을 간첩으로 만드는 것 같은 고의와 악의가 있는 인권침해 사건들도 많지만, 그런 고의나 악의만이 인권침해 피해를 만드는 것은 아니다. 사실 갈수록 무관심과 관행의 이름으로 행해지는 인권침해가 더 늘어나고 있다. 찬드라의 인권침해 사건에 '참여'했던 경찰, 부녀자보호소 직원, 정신병원의 의사와 간호사 누구도 의도를 가지고 악행을 하지 않았다. 그냥 조금씩 무심했고 조금씩 무책임했을 뿐이었다. 찬드라의 외모가 한국인처럼 보였고, 한국말을 못했고, 행색이 초라했다는 것은 인권 보호의 이유가 되지 못하고 오히려 가해의 좋은 변명거리가 되었다. 박찬욱 감독은 영화 촬영 중에 사비를 들여 찬드라의 고향을 찾아갔다. "당신이 찬드라입니까?"라는 물음에 찬드라가 환한 미소로 응답하던 순간을 감독은 네팔의 아름다운 산을 배경으로 스크린 가득 담아냈다. 한국 사회의 편견과 차별 속에서 있으나 없는 것처럼 취급되었던 찬드라가 네팔의 거대한 산만큼이나 분명한 존재로 드러나는 순간이었다.

2014년 여름에 만난 나이지리아인 M도 찬드라처럼 갑자기 체포되어 11일 동안 구치소에 감금되었다 풀려났다. M과 함께 일했던 K가 고물상 절도로 경찰 조사를 받던 중에 M인 척 행동하며 경찰을 속였다. K는 자신의 신분증이 아닌 M의 외국인등록증 사본을 제출했는데 경찰은 쉽게 K를 M으로 믿었다. K는 경찰 조사 후 도주해버렸고 이후 M의 이름으로 구속영장이 발부되면서 도주한 K 대신 M이 구속된 것이다.

M은 경찰과 교도관에게 서툰 한국말로 사정도 하고 때로 악을 쓰며 항의했다. 외국인은 자국 대사관의 도움을 받을 수 있는 권리가 형사소송법에 규정되어 있지만, 누구도 이런 권리를 알려주거나 대사관에 통지하지 않았다. 오히려 그의 정당한 항의를 소란 행위로 간주해 징계했다. 구치소 직원들은 그를 자해 가능성이 있는 위험인물로 판단해 양팔과 다리를 포박했고 얼굴에는 투구 모양의 장비를 씌워 징계를 주었다. M의 구치소 기록에는 '모든 것은 제 잘못입니다. 다시는 소란을 부리지 않겠습니다'라는 영어 반성문이 첨부되어 있었다. M은 이러다 아무도 모르게 죽을 수도 있을 것 같아 무조건 잘못했다고 빌었고 그날 이후 억울하다는 말조차 하지 않았다고 했다.

　나이지리아에서 아이들을 가르쳤다는 M은 자신의 상황을 분명하게 설명할 수 있는 사람이었다. K의 거짓말로 시작된 사건이지만 M에게 구속영장을 집행했던 경찰, 검사, 교도관, 그 누구라도 편견 없이 M의 말에 관심을 기울였다면 고물상 절도범이 M이 아니었다는 사실이 금세 밝혀졌을 것이다. 외국인등록증의 사진만 보아도 M과 K는 피부색 외에는 닮은 구석이 없다. 조사 중에 이 점을 지적하자 담당 경찰은 자신의 실수를 인정하면서도 "흑인들은 다 똑같이 생겨서…"라고 말했다. 구속

영장 집행을 결정한 당직 검사는 인권위로 이런 취지의 답변서를 보냈다. '당직 검사는 통상 구속되는 피의자를 일일이 대면해서 확인하지 않습니다. 서류상 결정한 것이 위법은 아닙니다.' K가 최초 연행되어 조사를 받았을 때 통역을 했던 통역사가 M과 K가 다른 사람임을 법정에서 진술하지 않았다면 M은 절도범으로 확정되어 억울한 징역을 살고 강제 출국되었을지도 모른다.

M을 만나 조사할 때 그가 길고 검은 손가락으로 내 얼굴을 가리키며 말하는 태도가 무척이나 거슬렸던 기억이 난다. 솔직하게 말하면 손가락질을 하다가 당장에라도 주먹이 날아올 것 같아 무서웠다. 그러나 대화를 계속하다보니 알게 되었다. 그의 행동은 무례함에서 나온 것이 아니라 일종의 대화 습관일 뿐이었고, 손가락질을 흥분하고 화내는 모습으로 인식한 것은 나의 문화적 편견이었다. 그의 외모에 대한 선입견과 문화적 편견이 내 안에서도 작동하고 있었다. 사실 M이 화를 내고 흥분한다 해도 할 말이 없었다. 찬드라의 경우처럼 그의 사건도 가해자가 불분명한 인권침해 사건이 되었고 그는 누구에게도 제대로 된 사과를 받지 못했다. 대한민국 정부는 잘못된 구금에 대해 얼마 안 되는 국가배상금으로 사과를 대신했을 뿐이었다.

M과 마지막으로 만났을 때 그가 했던 말이 오래도록 기억에 남는다. "내 말을 잘 들어줘서 고마워. 신이 너희와 함께하길 빌게." 눈물이 그렁그렁한 쌍꺼풀진 그의 큰 눈을 보면서 나는 '천부인권'이란 말을 떠올렸다. 인간은 태어날 때부터 하늘로부터 존엄을 부여받은 존재라는 이 말은 세계인권선언문 제1조의 정신이기도 하다. "모든 인간은 태어날 때부터 자유로우며 그 존엄과 권리에 있어 동등하다." 가장 흔하고 쉬운 말이지만, 한번도 제대로 지켜진 적 없는 인류의 약속이 아닐까.

한국에 살고 있는 수많은 이주 노동자들의 존엄과 평등은 천부적이기는커녕 인류애라는 온기에서조차 소외되는 것 같다. 2021년 9월에도 화성외국인보호소에 격리되어 있던 모로코 출신의 난민 신청자가 '새우꺾기'(손목에 뒷수갑을 채우고, 두 발을 묶어 등 뒤에서 사지를 연결하여 포박하면 등이 새우처럼 꺾인다고 해서 이렇게 불린다) 상태로 독방에 격리되었던 CCTV 영상이 공개되었다. 보호소 측은 해당 외국인이 난동을 피우고 자해를 했기 때문에 불가피한 '보호' 조처였다고 설명해 인권단체들로부터 큰 비판을 받았다.* 조금만 주의를 기울이면 비슷한 사례들은 너무나

● 법무부는 자체 조사 결과 외국인보호소에서 보호 과정 중 가혹행위가 있었음을 일부 인정했고, 인권위는 2021년 12월 법무부장관에게 보호일시해제 등 필요한 조치를 취할 것을 권고했다.

쉽게 발견된다. M은 내게 신의 가호를 빌어주었지만, 우리 곁의 또다른 찬드라를 돌볼 책임은 멀리 있는 신이 아니라 여기 있는 우리에게 있다.

우리가 진정 응원하는 것

"코치님 엄청 무서워요."

"아마 신고하면 어른들은 우리가 운동하다 다쳤다고 말할걸요. 증거도 없잖아요."

반질반질한 조약돌처럼 생긴 초등학교 4학년 운동부 학생들의 말이다. 내가 조사하면 사실을 밝힐 수 있다고 말하자 왁자지껄하던 교실이 일순간 조용해졌다. 아이들은 '조사'라는 말에 겁을 먹었는지 그것 보라고, 말하면 안 된다고 하지 않았냐는 눈짓을 주고받았다. 그러나 그것도 잠시, 아이들은 간식으로 가져간 초코빵과 음료수를 먹으며 경계심을 풀고 계속 말을 이어나갔다. 그동안 운동하면서 맞았던 일은 물론, 원정경기

갔을 때 다른 팀 운동부원들이 맞는 걸 봤던 이야기까지 경쟁하듯 풀어놓았다.

조사를 하면서 별별 피해자를 만났지만 운동부 아이들처럼 천진하게 자신이 욕먹고 맞았던 이야기를 하는 경우는 처음이었다. 모욕과 폭력에 일상적으로 노출된 아이들은 '웬만한' 것은 다 괜찮다고 했다. "있잖아요. 저는 2년 전에 진짜 힘들었어요. 그때 형아들한테 엄청 맞았거든요. 커터 칼 들고 죽이겠다고 겁주고, 운동부 샤워실로 데려가서 막 때렸어요. 그냥 말 안 듣는다고 때렸어요. 어른들한테 말하면 옥상에서 밀어버린다고 했어요." "코치님이 욕은 좀 하시지만 아주 많이 때리는 건 아니에요. 우리 코치님이 잘 가르치시긴 한대요. 귀 잡아당기고, 귀 옆에 머리카락을 잡아당겨서 머리카락이 막 뽑혔어요. 그리고 핸드폰으로 이마를 때려요. 와 정말! 엄청 아파요. 머리에 혹이 생겨요. 와 진짜." "당연히 엄마한테 얘기했죠. 근데 부모님이 계실 때도 맞은 적이 있어요. 엄마는 아무 말도 안 해요. 왜 그런지는 몰라요." 자기들끼리 결의에 차서 이런 말도 주고받았다. "에이, 옥상에서 밀어버리지 못하게 먼저 뛰어내릴걸 그랬어." "야, 그럼 너 죽잖아." "그런가?"

운동선수들을 인터뷰하다보면 군대에서 축구하는 이야기

를 듣는 기분이 들 때가 있다. 군대 이야기나 축구 이야기를 싫어해서가 아니라 그 이야기를 감싸고 있는 폭력적인 공기를 참을 수가 없어서다. 내가 들은 군대 이야기는 대개 먹다가, 자다가, 보초 서다가, 때로는 샤워 중에, 심지어 화장실에서 볼일을 보던 중에 일어난 폭력 이야기의 변주였다. 군대에서의 축구(혹은 족구)는 그런 폭력과 공격성을 '공식적'으로 표출할 수 있는 중요한 매개로서의 놀이로 보였다. 군대 축구 이야기는 언제나 팔다리가 부러지거나, 졌다고 단체 얼차려를 받거나 두들겨 맞는 이야기로 연결되곤 했다.

몇년 동안 수많은 운동선수를 인터뷰했는데 늘 비슷했다. 국가대표 선수, 전국체전에서 금메달을 딴 선수, 중간에 진로를 변경한 전직 선수, 중·고등학생 선수와 대학생 선수, 직장인 운동선수에 이르기까지 그들의 이야기 속에는 언제나 폭력의 공기가 드리워져 있었다. 법률적으로 보면 당장에 구속해서 중벌에 처해야 할 만큼 끔찍한 폭력 피해 경험임에도 다 옛날이야기라고 결론 맺는 것을 들으며 진저리를 친 적이 여러번이었다. 너무나 만연해서 당연시되는 폭력, 덕분에 생긴 오기, 덕분에 딴 메달, 덕분에 들어간 대학, 덕분에 된 국가대표 같은 폭력을 미화하거나 합리화하는 여러 논리들. 스포츠 분야 폭력은 이제 다 옛이야기라는 근거 없는 믿음이 운동장을 당당하게 가로지르는 듯했다. 그때마다 나는 조용히 웅얼거렸다. '옛날 일이면 다 괜찮은 것일까?'

조사관으로 일하면서 고문, 자살, 성폭력 등 차마 글로 표현하기도 힘든 사건들을 여럿 다루었지만, 스포츠 분야 인권침해 사건만큼 힘들지는 않았던 것 같다. 불행한 일이지만 인권은 언제나 피해자들을 밟고 앞으로 나아간다. 큰 사건이 터진 후에 뒤늦게 여기저기서 대책들이 줄줄이 발표된다. 대부분의 대책들은 헛발질로 끝나지만 개중에 어떤 대책은 그 나름의 힘을 발휘하여 시간과 함께 그 분야의 인권을 개선하는 결과를 만들어낸다. 이런 작은 변화가 사람들을 계속 앞으로 나아가게 하는 힘의 원천이 된다. 그런데 그 숱한 사건 사고와 목숨을 걸면서까지 용기 낸 선수들의 고발에도 불구하고 스포츠계의 변화는 잘 느껴지지 않는다. 원인이야 다양하겠지만 이 분야의 실태를 알면 알수록 스포츠계 저변에 깔려 있는, 폭력에 끝없이 관대한 문화가 중요한 이유 중 하나라는 생각이 들었다.

전직 국가대표 선수를 인터뷰했을 때였다. 30대인 그 선수는 20대까지 지도자로부터 당한 폭력 사례를 아무렇지 않게 들려주었다. 봉걸레 자루가 몇개나 부러질 정도로 맞아서 잘 걷

지도 못하는 것이 그냥 일상이었다며 웃었다. 세월이 지나 웃으면서 말할 수 있는 것이지 당시에는 정말 괴롭지 않았냐고 물었을 때 그는 더 크게 웃으며 말했다. "제가 몸이 좋아서 그냥 다 견딜 만했어요. 가장 많이 때렸던 지도자님을 지금도 명절마다 찾아뵙는걸요?"

유사한 이야기는 스포츠 분야 인권침해 조사를 하면서 수없이 들었다. "아침에 일어나면 이마에 나이키 상표 자국이 선명했죠. 슬리퍼 바닥에 로고가 새겨져 있어서 슬리퍼로 맞으면 그렇게 자국이 나요." 이런 구술 다음에는, "다 옛날이야기죠. 요즘은 손끝 하나 못 건드립니다"라는 말이 뒤따랐다. 성인 선수들만 이런 말을 하는 것이 아니었다. 2020년에 공립 체육중학교에 다니는 학생들을 심층 인터뷰했을 때도 소년들은 비슷한 말을 했다. "초등학생 땐 정말 많이 맞았어요. 맞는 건 싫지만 맞으면 성적이 좋아지니까. 그런데 지금은 괜찮아요. 갑자기 다 좋아졌어요." 이제는 좋아졌다는 선수들의 말이 사실이기를 누구보다 바라지만, 그 말을 들을 때마다 불안하기만 하다. 폭력을 어쩔 수 없는 불가피한 것으로 인식하는 한 그것은 잠복기의 바이러스처럼 면역이 떨어지면 언제고 되살아날 것을 알기 때문이다.

2019년에 어떤 종목의 성인 운동선수 30명을 대상으로 포토에세이 인터뷰를 한 적이 있다. 포토에세이 인터뷰는 이름 그대로 참가자들이 찍은 사진을 매개로 인터뷰를 진행하는 것이다. 참가자들에게 일회용 카메라를 나누어준 후 일주일 동안 폭력 경험과 연관 있다고 느껴지는 사물이나 순간을 찍어서 보내달라고 요청했다(일회용 카메라를 사용하는 것은 임의로 사진을 삭제하거나 편집하는 것을 방지하기 위해서이다). 사진을 받아보면 스물일곱 장의 사진 중 적어도 한두장에는 솔직한 진심이 담긴다고 이 분야 연구자는 말했다.

과연 인화된 수백장의 사진 더미 속에서 진심이 느껴지는 사진들은 금세 눈에 띄었다. 야구 방망이, 자물통, 초시계, 로커 룸, 텅 빈 운동장, 커튼으로 가려진 방, 아파트 단지 안에 버려진 자전거들… 폭력의 경험을 조용히, 진지하게 응시했던 순간이 사진에 고스란히 담겨 있었다. 폭력의 도구가 되었던 사물들이 찍혀 있기도 했고, 폭력을 당할 때의 심리 상태나 과도한 훈련으로 소진된 몸과 마음을 상징하는 사진들도 많았다. 감금되고 폭행당했던 기억을 대신해 자물통을 찍었던 선수는 이렇게 말했다. "코치가 밖에서 아무도 못 들어오게 나를… 폭력은… 마음의 짐이고, 가시처럼 박혀 있어요. 맞기 싫고 무서

우니까 힘들어도 참게 되고… 어릴 때는 맞으면 어느 정도 실력이 향상되는 것 같아요."

지난 10여 년 사이 폭력을 바라보는 사회의 평균적인 감수성은 눈에 띄게 높아졌다. 병사들의 인권을 제기하면 '인권 때문에 군기가 빠진다'거나, 스포츠에서 폭력은 '금메달을 따기 위해 불가피하다'는 논리로 버젓이 폭력을 옹호하지는 못하는 시대가 되었다. 군대 내 폭력 문제를 다룬 넷플릭스 드라마 「D.P.」^{한준희 연출 2021}가 화제가 되는 것을 보면서, 우리가 과거에 경험한 것이 얼마나 야만적인 폭력이었는지 뒤늦게 새삼 다 같이 깨닫고 화들짝 놀라고 있다는 생각이 들었다. 이 드라마의 원작 만화가이자 각본을 쓴 김보통 작가는 자신의 SNS를 통해 "「D.P.」는 '이제는 좋아졌다'라는 망각의 유령과 싸우기 위해 만들었다"라고 말했다.

병영에서, 훈련장에서, 그 어디든, 어떤 이유로든 폭력은 그저 폭력일 뿐이다. 폭력이 미화되지 않고 옛날이야기로 묻히지 않는 안전한 운동장이 우리에게 필요하다. 누구나 두려움 없이 마음껏 즐겁게 운동할 수 있을 때까지, 고통스럽더라도 폭력의 경험들이 더 정면으로 응시되고 더 진지하게 말해졌으면 좋겠다. 나는 조사관으로서 더 많은 선수를 인터뷰하고, 그 말들을 구슬처럼 꿰어 세상에 보여주고 싶다. 우리가 진정 응원하는 것은 폭력으로 얼룩진 메달이 아니라 운동장에 서 있는 사람임을 알리고 싶다.

절대 그러지 않을 사람은 없다

　성폭력 사건의 피진정인은 사회적, 경제적, 문화적으로 '잘 나가는' 사람인 경우가 많다. 위계관계에서 벌어지는 성폭력 사건의 특성상 당연한 일인데, 이런 권력의 차이는 사건이 신고된 후에도 여러 맥락에서 피해자에게 불리할 수밖에 없다. 게다가 피진정인이 평소 평판까지 좋은 사람이라면 피해자는 더욱더 불리한 위치에 놓이게 된다. 성폭력 사건은 직접증거보다는 간접증거에 의존해야 하는 경우가 많고, 사실관계를 파악할 때 당사자들의 주변 인물과 관계자 들의 진술이 중요한 참고가 된다. 그런데 피진정인이 좋은 상사, 매력 넘치는 동료, 따뜻한 선배로 인정받는 사람인 경우 많은 이들이 흔히 "그는 절대 그럴 사람이 아니다"라고 쉽게 말한다.

　누구든 믿음에 배반당하는 걸 좋아하지 않으니까 그렇게 믿어보고 싶은 것은 자연스러운 일인지도 모르겠다. 그러나 속마음이야 어떻든 그것을 발화하는 것은 전혀 다른 차원의 문제가 아닐까. 성폭력 사건을 조사하면서 '절대'라는 믿음을 깨는 사례를 허다하게 보았고 그것은 성폭력 사건을 조사하는 일의 큰 괴로움 중 하나였다.

　어느 회사에서 벌어진 성폭력 사건을 조사할 때였다. 20대 후반인 신입 사원이 저녁 회식 후 과장과 노래방에 갔다가 성폭력(강제추행)을 당한 사건이었다. 그런데 그 과장이 앞에서 말한 것처럼 좋은 선배, 다정한 상사, 매력 넘치는 인재라는 평판이 자자한 인물이었다. 사건의 정황이나 강제추행 과정에서 찢어진 피해자의 옷가지, 사건 직후에 피해자가 받았던 사과 문자 등 당일 강제추행이 있었다는 증거들이 조사 과정에서 드러났다. 그런데 조사가 진행될수록 피해자의 주장을 의심하는 주변 동료들의 진술과 탄원이 늘어났다. 특히 자타가 인정하는 피해자와 가장 가까운 동료조차 그녀가 망상증 환자일 수 있다고 주장해서 나를 혼돈에 빠뜨렸다.

　"평소에 ○○ 씨가 과장님을 좋아했어요." "남편과 사이가 안 좋아서 이혼하고 싶다는 말을 자주 했어요." "소심하고 내성적이라 회사생활에 적응을 잘 못했는데 과장님이 배려를 많이 해줬어요." "우울증이 있다는 소문이 사실인 것 같아요." "혹시 망상이 있는 것이 아닐까요? 과장님이 그럴 분이 정말 아니거든요."

피해자가 우울증 증세가 있었고 남편과 갈등이 심했다는 것, 그녀의 성격이 소심하거나 심지어 업무 능력이 떨어지는 것이 설령 전부 다 사실이라고 하더라도, 그것들은 그날 저녁 노래방에서 있었던 과장의 강제추행 입증 여부와는 관계가 없다. 마찬가지로 과장이 명문대 출신이고 유능하며 여성 직원들에게 매너가 좋은 사람이라는 것도 피해자가 망상증 환자라는 증거가 될 수 없다. 그런데도 과장을 좋아했던 많은 직원들이 그의 평소 모습을 기준으로 그는 절대 그럴 사람이 아니라고 주장했고, 그 믿음을 지키기 위해 피해자를 의심했다. '절대 그럴 사람이 아니다'라는 믿음을 허망하게 깨뜨리는 수많은 사례에도 불구하고 자신들이 믿었던 사람을 계속 믿고 싶어하는 것 같았다.

피해자에 대한 주변인들의 이러한 진술은 당연히 피해자에게 불리하게 작용한다. 인권위 조사 이후 수사나 재판 절차로 넘어가는 경우는 더욱 그렇다. 피해자가 정신과 약을 복용한 건 불면증 때문이지 망상장애와는 아무 연관이 없음에도 피해자가 정신과에 다녔다는 사실이 드러나면서 그녀가 짝사랑하던 과장에 대한 망상에 사로잡혀 벌인 일이라고 믿는 동료들이 늘어갔다. 사건 초기에 과장이 피해자에게 보냈던 문자에서 추론되는 정황이 아니었다면, 조사관인 나조차 사실관계에 대한 믿음이 흔들렸을지도 모르겠다.

이 과정에서 피해자에게 불리한 참고인이 등장했다. 참고인은 성추행 사건 직후 피해자의 전화를 받고 노래방 근처로 와서 가해자를 집까지 데려다준 대리기사였다. 가해자는 피해자가 대리기사를 불러준 사실을 내세워 이렇게 주장했다. "만약 노래방에서 성폭력을 당했다면, 피해자가 저를 위해 대리기사를 불러줬겠습니까?"

'절대 그럴 사람이 아니다'가 '가해자다움'에 관한 것이라면 '피해자가 어떻게 그럴 수 있느냐'는 '피해자다움'에 관한 것이다. 다른 방식의 편견이지만 결국 두가지 모두 피해자에게 불리하게 작동한다. 성폭력 피해자가 적극적으로 신고하고 피해를 상세하게 호소해도, 반대로 피해를 숨기거나 뒤늦게 신고해도 진정성을 의심받는 이유가 되곤 한다.

피해자들은 때때로 선한 마음 때문에 피해자답지 못한 것으로 치부되기도 한다. "대리기사를 왜 불렀던 거예요?" "저도 왜 그랬는지 모르겠어요. 노래방에서 뛰쳐나왔는데 과장님이 뒤따라 나왔어요. 그러더니 휘청거리며 주차장 쪽으로 가는 거예요. 술이 많이 취했는데 운전을 하면 큰일이잖아요. 대리기사에게 전화해서 차 위치 알려주고 빨리 오라고 한 거예요. 교통사고가 나든 말든 그냥 모른 척했어야 했나요?" 피해자의 말을 들으며 나는 그녀가 진정 선하고 용감한 사람이라는 생각을 했다. 선한 마음 때문에 피해자의 진정성을 의심받게 할 수는 없었다.

나는 고심 끝에 당사자 대질조사를 결정했다. 성폭력 사건의 대질조사는 2차 피해의 우려 때문에 매우 신중하게 결정해야 할 사안이지만 그 시점에서 조사를 마무리한다면 조사 결과는 피해자에게 현저히 불리할 것이 분명했다. 가해자가 비록 성폭력을 저질렀지만 그의 동료들이 믿고 있는 좋은 면모까지 다 저버리지는 않았기를 바랐는지도 모르겠다. 동료들이 말한 그의 좋은 면모가 전부 위선이 아니었다면 대질조사에서 끝까지 사실을 부인하지는 못하리라는 기대 같은 것이 있었다. 다행히 피해자와 가해자 모두 대질조사에 동의했다.

비좁은 조사실 대신 회의실에 임시 조사실을 꾸몄다. 사무용 파티션을 빌려다 공간을 분리시켜 당사자들이 목소리는 들을 수 있지만 얼굴은 볼 수 없도록 조처했다. 다섯시간 가까이 계속된 조사로 당사자는 물론 조사관도 점점 지쳐갈 무렵 가해자가 마음에 동요를 일으키기 시작했다. 나는 미뤄두었던 질문을 던졌다.

"과장님은 노래방에서 성폭력이 있었다면 피해자가 대리기사를 불러줬겠냐고 반문하셨지요? 저는 과장님이 그 답을 알고 있다고 생각합니다. 피해자가 대리기사를 불러준 이유를 정말 모르시나요?"

긴 침묵과 깊은 한숨 끝에 그가 떨리는 목소리로 말했다. "죄송합니다. 모든 걸 인정하겠습니다. 제가 그랬습니다. 정말 죄송합니다." 진실은 그렇게 갑자기 모습을 드러냈다. 담담한 태도로 조사를 받던 피해자가 물속에서 억지로 오래 참았던 숨을 한꺼번에 토하듯 긴 숨을 내쉬었다.

이 사건은 피해 합의금 지급과 가해자가 회사를 떠나는 것으로 합의가 이루어졌다. 당사자가 합의하면 사건이 종결된다는 조사 규정에 따라 사건은 마무리되었고, 진실은 그렇게 조용히 비밀의 무덤에 묻혔다. 그리하여 '절대 그럴 사람이 아니다'라는, 회사 동료들의 가해자에 대한 '신화'는 여전히 계속될 가능성이 없지 않다.

문제가 된 사안을 판단할 때 구체적 사실에 근거하지 않은 채 절대 그럴 사람이 아니라고 믿는 막연한 생각은 진실을 밝히는 데 전혀 도움이 되지 않는다. 이것은 성폭력 가해자에게만 적용되는 문제가 아니라 피해를 주장하는 사람을 판단할 때도 마찬가지다. 우리는 수십개 혹은 수백개의 얼굴을 가지고 살아간다. 하루에도 여러번 얼굴을 바꾼다. 그것은 가식적이란 말과는 다른 것 같다. 선 자리에 따라 어쩔 수 없이, 어쩌면 마땅하게 어떤 면모를 감추거나 드러내는 것은 지극히 당연한 일이니까. 그리고 인간이란 원래 모순덩어리 아니던가? 내가 수많은 나의 얼굴 중 어떤 하나를 상황별로 타인에게 드러내듯, 가해자도 그리고 피해자도 수많은 얼굴 중의 하나를 상황에 따라 드러낼 수 있다. 어떤 면모에 기대서 누군가를 절대 그러지 않을 사람, 또는 당연히 그럴 사람이라고 말하는 것은 적어도 인권을 다루는 일에서만큼은 위험천만한 일이 아닐 수 없다.

그리고 아무도 책임지지 않았다

　2017년 김태윤 감독의 영화 「재심」이 개봉했다. 이 영화는 억울한 살인 누명을 쓰고 10년이나 감옥살이를 했던 피해자와 이 사건의 재심을 맡은 변호사의 실제 이야기가 바탕이 되었다. 영화에서는 피해자를 그림 솜씨가 뛰어난 영특한 소년으로 재구성했지만, 실제 피해자는 지능이 다소 낮고 다방 오토바이 배달로 어렵게 생계를 꾸려가던 소년이었다.

　2000년 8월, 당시 열다섯살이던 소년은 살인 사건 목격자에서 삽시간에 살인 피의자로 바뀌어 구속되었고 10년 형을 받았다. 폭행과 가혹행위로 열다섯살 지적장애 소년에게 허위자백을 받아내는 것은 노련한 형사들에게 파리 한마리 잡는 일처럼 쉬운 일이었는지도 모르겠다. 형사들은 그들 나름의 '완벽한' 가짜 증거를 만들어냈지만 재심 과정에서 드러난 그 증거들은 허술하기 짝이 없었다. 수사를 지휘했던 검사나 재판을 진행한 판사가 수사 기록만 제대로 살펴보았더라도 수상한 점을 쉽게 발견했을 것이다.

그렇게 영영 진실이 묻힐 것 같던 사건은 2003년 뜻밖의 국면을 맞이한다. 한 형사가 수사 중에 살인 사건의 진범을 찾아낸 것이다. 여러 언론을 통해 진범의 자백 소식도 터져 나왔다. 진범을 찾아낸 형사는 즉각 새로운 수사를 개시하고 검찰에 구속영장 청구를 요청했으나 담당 검사는 법원에 영장 청구를 하지 않고(형사소송법의 규정에 따라 담당 검사만이 법원에 영장을 청구할 수 있다) 진범을 '혐의 없음'으로 불기소처분했다. 검찰은 진범 수사로 자신들의 잘못이 드러나는 것을 원하지 않았던 것일까. 열명의 도둑을 놓치더라도 한명의 억울한 사람을 만들지 말라는 격언과는 정반대의 일이 벌어졌다. 열명의 '도둑'이 합세해서 한명의 억울한 사람을 더 억울하게 만든 셈이다. 그렇게 진범은 어이없이 풀려났고 소년은 그로부터도 7년 동안 억울한 징역을 더 산 뒤에 2010년 출소했다.

열다섯이던 소년의 나이는 어느덧 스물다섯이 되었다. 그러나 국가의 폭력은 거기서 멈추지 않았다. 근로복지공단은 소년을 상대로 1억 4,000만원의 구상금을 청구했다. 근로복지공단에서 사망한 택시기사에게 지급했던 보상금과 이자를 소년에게 청구한 것이다. 소년에게 그 돈은 10년의 징역만큼이나 자신의 힘으로는 절대 어찌할 수 없는 것이었다. 어떻게든 삶을 이어가고자 했던 소년에게 국가는 전혀 엉뚱한 방향에서 철저했다.

이 사건처럼 무고한 사람이 누명을 쓰고 오랜 기간 징역을 사는 이야기는 생각보다 많다. 국제사회의 비난에도 불구하고 여전히 사형이 집행되고 있는 미국에서는 사형이 집행된 이후에 진범이 잡히는 형언할 수 없는 비극적 사건이 발생하기도 한다(대한민국은 법률적으로는 사형제도가 유지되고 있지만 1997년 12월 마지막 사형집행 이후 단 한차례도 집행된 적이 없어 국제적으로 '실질적인 사형 폐지국'이다). 수사나 재판도 인간의 일이기에 완벽할 수는 없겠지만 영화 「재심」의 진짜 이야기는 어쩔 수 없는 오판이나 오류 때문에 생긴 일이 아니라는 점이 중요하다. 이 비극적인 사건은 본래 자신들이 해야 할 일들을 정확히 정반대로 한 경찰, 검사, 판사, 국선변호인이 만들어낸 불법과 무책임과 무능의 총체적 결과였다.

여기까지는 영화, 시사 프로그램, 책(박상규·박준영 『지연된 정의』, 후마니타스 2016), 뉴스 등을 통해 세상에 비교적 자세히 알려졌다. 그러나 나의 일터인 인권위 역시 열다섯살 소년에게 저지른 국가폭력의 무대에 한 귀퉁이를 차지하고 있었다는 사실을 부끄럽지만, 솔직히 밝히고 싶다.

2003년 살인 사건의 진범이 체포되었다는 언론 보도를 본 한 인권활동가가 소년을 피해자로 인권위에 진정했다(인권위법에 따라 인권침해 사실을 알고 있는 사람이라면 누구나 피해자를 대신해 진정을 할 수 있다. 인권위는 중요 사건의 '공익 제보자'들에게 보상금을 지급한다). 이 사건은 검찰 수사관 출신 조사관에게 배당되었다. 검찰청에서 오랫동안 수사관으로 일했던 그는 쉽게 수사상의 문제를 간파한 것 같았다. 과거 소속되었던 기관과는 사뭇 다른 인권위의 자유분방한 분위기를 탓하며 잘 적응하지 못하던 그였지만, 어느 날부터 열심히 수사와 재판 기록을 탐독하고 나더니 탄식하듯 내뱉던 말이 또렷하게 기억난다.

"이거 진짜 똘똘 말린 사건이야."

그 시절에는 '가혹행위와 고문에 의한 인권침해'라는 제목을 달고 있는 '똘똘 말린' 진정 사건들이 조사관의 캐비닛마다 가득했다. 오랜 수사 경험으로 빚어진 단단한 실력과 내공을 가진 이의 한마디였는데, 나는 내 사건 처리에 정신이 팔려서 막연히 그가 잘 해결하리라 믿었고 자세히 알려고 하지 않았다. 그러나 그 조사관은 그해 연말 다른 기관으로 조용히 떠났고 소년의 사건은 진정이 접수된 지 1년이 다 된 시점에서 다른 조사관에게 이관되었다.

대개 나 같은 초보 조사관이 대다수였던 조사국에서 몇 안 되는 베테랑 조사관이었던 새로운 담당자는 긴급하게 사건을 정리해서 소위원회에 보고했다. 피해자의 수사와 재판 기록, 진범 체포 정황 등을 종합할 때 가혹행위나 고문에 의한 허위자백의 개연성이 명백하므로 '조사 계속' 결정을 해달라는 취지였다(인권위법에 따라 진정 사건이 발생한 지 1년이 지난 사건은 인권위원들의 '조사 계속' 결정을 통해 조사를 이어갈 수 있다). 그러나 인권위원들은 이 사건에 대해 '조사 계속' 결정을 하지 않았다. 사건을 1년 가까이 '방치'해오다가 뒤늦게 조사를 하겠다는 것은 법의 원칙에 맞지 않는다는 논리 등으로 사건을 각하했다. 조사 절차를 제대로 지키지 않은 조사국의 잘못은 징계를 해서라도 바로잡을 일이지만, 그것이 진실 규명을 외면하는 이유는 될 수 없었다. 누구보다 앞에 나서서 사건의 진실을 규명해야 하는 인권위원들이 법의 원칙을 내세워 피해자의 억울함을 외면했다.

소위원회 보고를 마치고 조사국으로 돌아온 뒤 우리 모두는 침묵했고, 잘못된 일을 바로잡기 위한 아무런 노력도 하지 않았다. 다음 날이라도 인권위원을 찾아가 다시 살펴봐달라고 왜 말하지 못했는지 지금도 후회스럽다. 술자리에서 욕설 몇마디 내뱉는 것으로 양심의 가책을 상쇄시키는 대신 얼마든지 다른 방법을 찾을 수 있었다. 피해자를 찾아가 진정서를 다시 내도록 안내할 수도 있었고, 언론이나 인권단체에 이 같은 사정을 고발할 수도 있었는데 아무것도 하지 않았다.

역사는 한번은 비극으로 한번은 희극으로 반복된다는 말이 있다. 그로부터 다시 여러 해가 지난 2013년, 한 변호사가 법원에 이 사건의 재심을 청구하고 나서 인권위에 도움을 요청했다 (인권위법은 인권의 보호와 향상에 중대한 영향을 미치는 재판의 경우 법원에 의견을 제출할 수 있는 권한을 마련해두고 있다).

해직 교사 출신으로 노동운동을 하다가 마흔 넘어 사법고시에 합격해 인권위 조사관이 된 K가 그 사안을 맡았다. K는 잘못된 국가권력의 희생자들을 위해 일할 수 있는 유일무이한 기관인 인권위를 자신의 '꿈의 직장'이라고 말하곤 했다. 재심의 필요성에 대해 간곡하고 절실하게, 그러면서도 법률적으로 탄탄하게 구성된 '의견 표명 검토 보고서'가 전원위원회에 상정되었다. 그러나 전원위원회는 의견 표명을 결정하지 않고 사안을 종결시켰다. 전직 판사 출신 인권위원 한명이 가장 적극적으로 의견 표명을 반대했다.

K는 기회가 있을 때마다 그날 전원위원회 풍경을 설명하며 분노했다. "의견 제출에 반대합니다. 최근 사회적으로 문제가 된 재심 사건을 특정 변호사가 대리하고 있는데 인권위가 재심 사건에서 계속 의견을 낸다면 이는 인권위가 특정 변호사의 대리인 역할을 하는 것과 같습니다." 한 위원의 이 말에 반대하는 인권위원은 없었고, 인권위원 열한명의 만장일치로 해당 안건은 기각되었다. 이렇게 이 사건의 역사는 인권위에서 두번 모두 비극으로 끝났다.

이 사건의 피해자는 재심을 통해 2016년 무죄를 선고받았다. 그 사이 열다섯살 소년은 서른한살이 되었다. 서울중앙지방법원은 2021년 피해자와 가족에게 약 16억원의 배상금을 지급하라고 결정하고, 배상금의 일부를 담당 경찰과 진범을 불기소처분했던 검사가 부담하도록 판결했다. 대한민국 사법 역사에서 간첩 조작과 같은 시국 사건이 아닌 일반 범죄 사건으로 재심이 결정되어 무죄가 확정된 케이스가 몇건이나 있을까? 정확한 통계는 알 수 없지만 우리가 언론을 통해 알고 있는 사건

말고는 거의 없을 것이다. 이것은 국가폭력이 만든 지옥을 개인이 탈출하는 것이 얼마나 불가능한 일인지를 방증한다.

재심 판결 이후 한 발표장에서 피해자를 본 적이 있다. 그는 꽃다발을 들고 환하게 웃고 있었다. 다가가 무슨 말이라도 하고 싶었지만 할 말을 찾을 수가 없었다. 뒤늦은 정의가 정의일 수 없는 것처럼 뒤늦은 고백은 고백이 아니다. 다만 같은 일이 다시는 반복되지 않기를 바라며 후회의 마음만은 기록으로 남겨두고 싶다.

최저임금 받으며 참아낸 말들

　일터의 인권을 주제로 20대 청년들과 대화할 기회가 있었다. 온갖 경쟁과 스펙 쌓기의 험난한 과정을 거쳐 겨우 한자리 비집고 들어간 일터에서 그들이 참아내야 했던 일들이 토하듯 터져 나왔다.

　T는 대학생활 내내 아르바이트를 해서 생활비를 벌었고 졸업하면서 몇천만원의 학자금 대출 빚을 떠안게 되었다. 졸업과 동시에 애니메이션 전공을 살려 꽤 알려진 기업에 취직했지만, 그곳에서도 아르바이트생 때 들었던 말들을 여전히 들었다. 매일 지하철 막차 시각까지 죽도록 일하고도 "니들 때문에 일이 늦어져서 본사에서 돈이 늦게 나온다"는 무시와 모욕의 말들을

일상다반사로 들었다. 하청업체의 부도로 납품이 밀리게 되었는데도 책임은 피라미드의 맨 끝자리, 신입 사원들에게 돌려지곤 했다.

"제 연봉이 2,000만원 정도였어요. 다른 신입보다 200만원쯤 더 높은 편이었는데도 수당 없이 일했던 초과근무 시간을 따져보면 최저임금에도 못 미치는 월급이었어요. 그런데도 그 자리 놓치면 경쟁에서 밀려나 다시 취직하기 어려울 것 같아 그만두기 힘들었어요."

매일매일 너 아니어도 일할 사람은 널렸다는 말을 듣다보니 정말 그런 것 같은 생각이 들었고, 자존감은 갈수록 낮아졌다. 선배들도 이력서에 경력으로 쓸 수 있으려면 1년 이상은 다녀야 한다고 했다. 1년 안에 그만두면 인내심이 부족하거나 사회성에 문제 있는 사람으로 평가된다고. 그러나 마음을 아무리 다잡아도 몸이 견디지 못해 정신과 약을 먹으면서 간신히 버텼다. 어느 날 이러다 죽을 수도 있겠다는 공포가 이러다 직장을 다시 구하지 못할 것 같다는 공포보다 커졌을 때, 비로소 사표를 냈다. 사직서에 과로와 임금체불 때문에 사직하겠다고 썼다는 이유로 아버지보다 나이 많은 사장은 사무실이 떠나가라 욕을 하고 화를 냈다. "저에게는 일하지 않을 권리도 없는 것 같았어요."

예술학교에서 바이올린을 전공한 K는 유학을 앞두고 있었다. 음악 전공에 유학을 앞두고 있다고 하면 부모덕에 곱게 자란 듯 보이겠지만, 사실 그녀야말로 어릴 때부터 아르바이트로 잔뼈가 굵었다.

"바이올린 연주자라고 하면 쉽게 아르바이트를 하고 돈도 잘 벌 수 있을 거라고 생각해요. 예전에는 그랬을지 몰라도 지금은 아니에요. 전공자가 워낙 많고, 그나마 현악기 쪽은 나은데 피아노 연주자들의 경우는 더 심해요. 결혼식 같은 행사에서 연주하면 건당 1만원이 들어올 때도 있대요. 하루 종일 여러 행사장을 따라다녀야 일당다운 일당을 벌 수 있어요. 그렇게 어렵게 일하고도 돈을 떼이는 일도 많다고 선배들한테 들었어요. 저도 교수님 소개로 10만원 받기로 하고 갔는데 6만원밖에 못 받은 적이 있어요."

한번은 행사 연주비가 몇달째 입금이 안 돼 확인해보니 중간에서 돈을 가로챈 이가 있었다. 교수의 지인인 그는 K에게 사과는커녕 오히려 왜 여기저기 연락해서 사람 쪽팔리게 하냐고 화를 냈다고 한다.

K는 카페에서 일하면서 별별 어른들을 다 만났다고 털어놓

았다. "어려 보인다는 이유로 무조건 반말을 해요. 커피 주문을 받고 따뜻한 건지 차가운 건지 물어보았는데, '너 같으면 이 날씨에 따뜻한 거 먹고 싶겠냐?'라고 하는 거예요." 손님이 많은 업소일수록 아르바이트생 사이에 갈등도 많다고 했다. "아르바이트생들은 피곤하니까 서로 같은 처지면서도 봐주는 게 없어요." 아르바이트를 그만두겠다고 했을 때 욕까지 하며 화를 낸 이는 업주가 아니라 동료 아르바이트생들이었다. "바로 아르바이트생이 보강 안 되면 본인들이 더 힘들어지니까요."

일터에서 겪는 성폭력 경험은 누구에게도 털어놓기가 어려웠다고 했다. "주점에서 새벽까지 아르바이트하는 친구는 영업시간이 끝났는데도 사장이 자꾸 퇴근을 못하게 한대요. 주점 문 닫고 둘이서 한잔하자고 하면서… 막차 타야 한다고 하면 택시비 주면 될 거 아니냐고, 일한 시간으로 쳐줄 테니 술 같이 마시자고. 사장이 끔찍하기는 한데, 주점이 일하기가 편하고 시급도 괜찮아서 그만둘 수가 없대요." "나이가 우리 아빠뻘인 지점장이 계속 자기를 오빠라고 불러달래요. 한번은 우산에 찔려서 손가락에 피가 좀 났는데 갑자기 다가오더니 '오빠가 빨아줄게' 그러는 거예요." "공연히 챙겨주는 척하면서 자기를 아저씨라고 부르라는 선임이 있었어요. 처음에는 관심 있게 봐주고 친절하게 대해주니까 감사했죠. 그런데 제가 커피 마시러 가면 쪼르르 다가와서 말 걸고, 결재도 제가 와야 해준다고 하고… 그런 분위기를 조성하니까 나중에는 어려운 결재가 있으면 사람들이 자꾸 저보고 가라고 하는 거예요. 회식 때도 선임이 저를 계속 챙기니까, 뭐랄까 둘이 썸 타는 것 같은 분위기, 그런 게 만들어지는 거예요. 그분은 유부남이고 저보다 열몇살이나 많았는데도요."

나 역시 사회생활하면서 비슷한 성폭력을 경험했다. 첫 직장의 회사 대표는 룸살롱에서 양주를 시켜놓고 여자 직원들을 불렀다. 어느 회식 자리에서는 남자 상사의 끈적끈적한 손바닥이 나의 허벅지 위로 올라왔지만 아무 말도 하지 못했다. 이런 경험은 20세기의 케케묵은 이야기가 되기를 바랐는데 21세기 청년들에게도 비슷한 서사를 듣게 될 줄은 몰랐다. 세상이 변했다고, 그래도 좋아졌다고 생각하는 건 어른들만의 착각일 뿐인가.

청년들은 내가 인권위 조사관이라는 이유로 속마음을 털어놓았지만 나는 그저 묵묵히 듣는 일밖에 하지 못했다. 이날 내게 이야기를 해주었던 청년 누구도 부당 노동이나 성희롱으로 회사를 신고한 사람은 없었다. 그들의 유일한 선택은 그저 조용히 일터를 그만두는 것이었다.

사회역학자 김승섭은 『아픔이 길이 되려면』에서 인권침해와 차별의 고통이 어떻게 사람을 아프게 하는지 과학적 통계와 연구 자료로 증명해 보인다. '말하지 못한 상처'는 어디로 사라지는 것이 아니라 어떤 식으로든 우리 몸에 "물고기 비늘에 바다가 스미는 것처럼" 새겨진다고 말한다. 노동자가 겪는 차별의 경험은 사람을 아프게 했다. 차별을 경험한 이들이 그렇지 않은 사람에 비해 건강이 좋지 않음은 물론이고, 그중에서도 차별 경험을 인지하지 못하거나 타인에게 말하지 못한 집단(주로 여성)이 더 많이 아픈 것으로 확인되었다. 다문화가정 청소년을 대상으로 한 학교폭력의 경험과 우울 증상과의 연관성 연구에서도 비슷한 결과가 나타났다. 학교폭력을 경험하고도 '별다른 생각 없이 그냥 넘어갔다'라고 말한 남학생들이 그 어떤 집단보다 높은 우울증상 유병률을 보였다.[•]

'아프니까 청춘'이며 고통을 극복하고 경쟁에서 이기는 것이 최고의 미덕으로 칭송되는 사회에서 청년들은 조용히 고통을 몸에 새기고 있는 것이 아닐까. 30세 이하 사망 원인 1위가 자

• 　김승섭 『아픔이 길이 되려면』 동아시아 2017, 14~22면.

살이라는 외면하고픈 통계가 이를 증명하는 것 같다. 2019년부터 근로기준법에 '직장 내 괴롭힘의 금지' 조항이 생겼지만, '노동勞動'이 여전히 '근로勤勞'라고 표현되는 현실이 이 법이 지닌 한계를 드러낸다. 근면하게 묵묵히 참고 일하는 것이 사회생활이라고 말하는 사회에서 갑질은 갑질로 드러나지 않을 것이다.

오늘도 도서관과 학원, 아르바이트 일터를 분주히 뛰어다닐 청년들. 청년들은 어디에도 털어놓을 수 없던 이야기를 해서 속이 좀 시원해졌다고 말하며 오히려 나를 위로했다. 그리고 인터뷰 끝에 조용히 이렇게 물었다.

"이런 거 정말 잘못된 거 맞죠? 그런데 왜, 어느 누구도 우리에게 사과하지 않는 거죠?"

나는 부끄러움을 숙제처럼 끌어안고 집으로 돌아왔다.

수인의 하얀 손

교도소에 있는 진정인을 만날 때마다 그들의 손을 유심히 보는 버릇이 있다. 교도소 밖에서의 삶이 제각각 달랐을 테고, 누구는 언급하기도 끔찍한 죄를 지었고, 누구는 얼마 안 되는 벌금을 못 내서 수인이 되었을지라도 그들의 손은 이상할 정도로 닮았다. 손등의 혈관이 푸르게 드러날 정도로 희고, 손톱은 깨끗하게 다듬어져 있다. 노동으로부터 잠시 유예되고, 교도소 안에서 햇볕을 충분히 받지 못했기 때문일 테다. 악한 행동을 하는 사람들을 보고 흔히 '더러운 손'을 가졌다고 하는데 막상 교도소에서 목격한 수인들의 손은 그런 은유와는 딴판이었다. 수인의 흰 손은 마치 위법한 일을 저지른 사람이 모두 악인은 아니라는 사실을 상기시켜주는 것 같았다.

내가 만난 사람 중 가장 많은 전과 이력을 갖고 있던 노인의 손도 희고 깨끗했다. 10대 때 처음 절도로 구속된 것을 시작으로 비슷한 범죄로 6개월 혹은 1년씩 잠깐의 휴지기(?)를 두고 연결되는 전과 기록은 거의 서른번 가까이 되었다. 구속되어 있던 전체 기간을 가늠해보니 노인은 성인이 된 후 사실상 인생의 대부분을 교도소에서 살았다. 아주 오래전, 신영복 선생이 대전교도소에 있을 때 자신도 함께 있었다고 자랑스럽게 말하며 웃던 노인. 머리카락은 하얗게 셌고 치아 상태가 좋지 않은, 자기 나이보다 훨씬 더 노인처럼 보이는 사람이었다.

그의 요청 내용은 사건으로 접수하기에는 너무 간단한 민원 사항이라서 교도관에게 '보고전'(수용자들이 교도소에 제출하는 민원서)을 제출하면 쉽게 해결될 문제였다. 최대한 알아듣기 쉽게 보고전 제출 방법 등을 알려주고 진정 사건으로는 접수하지 않겠다고 설명했다. 그의 화려한(?) 경력을 생각할 때 교도소 안의 여러 민원 해결 절차를 알지 못할 리 없다는 생각이 들었지만, 조사관을 만나 상담을 하면서 시간을 보내고 싶었을 수 있다고 생각했다. 설명을 마친 후 인권위에 진정할 의사가 없다는 확인서를 써달라고 했을 때 노인의 눈동자가 몹시 불안해지는 것이 느껴졌다.

　"조사관님이 그것 좀 대신 써주면 안 됩니까?" 나는 노인에게 가능한 한 직접 확인서를 쓰고 서명해야 하는 이유를 말했지만, 노인은 막무가내로 대신 써달라고 했다. 나중에 조사관이 진정을 안 받아주었다거나 민원 종결에 동의한 적이 없다는 억지를 부리는 이들이 있기 때문에 가능하면 자필 확인서를 받는 것이 필요했다. 무턱대고 확인서를 대신 써달라는 노인을 설득하다가 문득 이상한 생각이 들어 조심스럽게 물었다.

　"선생님, 혹시 글을 모르세요?"

　나의 갑작스런 질문을 받고 한참을 침묵하던 노인은 부끄럽지만 글을 읽고 쓸 줄 모른다며 고개를 끄덕였다. 설마설마하고 물어본 것뿐인데, 정말 글을 모른다는 대답을 들을 줄은 몰랐다. 자신이 문맹임을 밝혀야 했던 노인만큼은 아니었겠지만 나 역시 몹시 당황스러웠다. 일생을 교도소에서 보냈더라도 글을 배울 기회가 전혀 없지는 않았을 텐데… 그제야 나는 그가 별거 아닌 문제로 인권위 '면전 진정'을 신청한 이유를 조금 이해할 수 있었다. 인권위는 진정서를 쓰기 어려운 수용자가 조사관을 불러 진정을 할 수 있도록 면전 진정 제도를 운영하고 있다. 그러나 서면 진정서를 제출하기 어려워서가 아니라 자신의 편의를 위해서, 또는 잠깐 '바람 쐬려고' 면전 진정을 신청하는 경우도 많아 나는 이 제도가 폐지되어야 한다고 생각해왔다. 진짜 글을 몰라 조사관의 면전에서 말할 수밖에 없는 사람을 만난 건 그때가 처음이었다.

교도소 밖에서도 물론이지만 구속되어 갇힌 상태로 수사와 재판을 받아야 하는 사람이 글을 알지 못하는 것은 불편함 정도가 아니라 자기방어에 너무나 치명적이다. 수사와 재판은 법의 세계이고 그 법은 모두 문자로 되어 있다. 문자를 모른다는 것은 도로표지판을 읽지 못하면서 운전을 하는 것과 같다. 원하는 목적지에 무사히 도달할 가능성이 거의 없다는 말이다. 국선변호인 제도가 있다고 해도 그 수많은 수사 서류와 공소장, 판결문을 그에게 일일이 읽어주었을 리 없다. 글을 쓸 줄 모르면 판사에게 반성문 한장 제출하기도 어려웠을 것이다. 피해자와 합의를 하거나 선처를 부탁하고 사과를 하는 일도 거의 불가능하지 않았을까? 문자 밖의 사람은 문자로 된 법의 세계에서 훨씬 더 가혹한 처벌을 받을 가능성이 높을 수밖에 없다. 노인의 화려한(?) 전력의 일부는 혹시 글을 몰라 생긴 것은 아니었을까?

"이제라도 글을 좀 배워볼 생각은 없으세요?"(이 질문이 얼마나 무례한지는 나중에 깨달았다.) 노인은 주저하며 대답했다. "글씨를 배워볼 생각을 하지 못했지만, 이제라도 좀 배워볼게요. 죄송합니다, 죄송합니다." 노인은 몇번이나 사과를 했다. 글을 모르는 게 왜 내게 사과할 일이라고 생각하는 것일까? 교도소에서 일생을 보내는 동안 글을 모른다는 이유로 그가 얼마나 많은 사과를 했을지 상상하니 아득하기만 했다. 글을 꼭 배우시길 바란다는 말을 하고 허둥지둥 도망치듯 면담을 마쳤다. 노인과 면담을 끝낸 뒤 담당 교도관을 만났는데 그도 노인이 문맹이라는 사실을 잘 알고 있었다. 교도관은 글을 몰라도 교도소에서는 괜찮다고, 교도관이 도와주고, 동료 수용자들도 옆에서 다 도와준다고 말했다. 나는 그 말이 사실이길 진심으로 바랐다. 글을 모르는 것이 무슨 죄라도 되는 것처럼 고개를 숙였던 그 노인의 인생에 글을 배울 기회가 과연 찾아왔을까?

몇년 전, 어떤 조사를 위해 전국 교도소를 돌아다니며 설문조사를 했다. 무작위로 선정된 남자 수용자 서른명 정도가 교도소 강당에 모였는데, 일부러 고령자만 뽑은 것처럼 노인들이 많았다. 푸른 수의가 아니었다면 동네 노인복지관을 방문했다는 착각이 들 정도였다. 조사 중에 몇 사람이 손을 들어 도움을 요청했다. 손이 떨려서, 눈이 침침해서 글을 쓰거나 읽지 못하겠다는 이유였다. 나중에 수거된 설문지를 분석하면서 도움이 필요했던 사람이 훨씬 많았다는 사실을 알게 되었다. 귀찮아서 대강 답했거나 속이려는 것이 아니라 문장을 이해하지 못해서 엉뚱한 답을 선택한 것으로 보이는 설문지가 계속해서 발견되었다. 문해력이 낮아서 사실상 문맹에 가까운 사람들이 이렇게 많을 줄이야. 전과가 많았던 노인을 오랫동안 잊지 못한 이유는 내가 그의 문맹을 특별한 것으로 생각했기 때문이었는데 어쩌면 오래전 그때나 지금이나 교도소에서의 문맹은 그다지 특별한 일이 아닌지도 모르겠다.

마지막 거짓말

　특수 제작된 초대형 밀짚모자를 쓰고 다니는 진정인을 만난 적이 있다. 그는 하늘에서 떨어지는 독극물 공격을 막기 위해 지름이 1미터가 넘는 모자를 언제나 쓰고 있어야 하고, 집 밖에서는 물이나 음식조차 마음대로 먹을 수 없다고 했다. 그러면서 이런 치밀한(?) 공격은 정부기관이 아니면 할 수 없을 것 같다며 가해자를 찾아달라고 호소했다. 전형적인 망상 증상이라는 생각이 들었으나 우선 진지하게 이야기를 들어주고 가족과 상의해보라고 권했다. 그러자 그는 사실 아내가 1층에서 기다리는 중이라면서 당장 올라오라고 해서 함께 만나보자고 했다. 잠시 후 조사실로 들어온 그의 아내를 보고 나는 말문이 막혀버렸다. 아내 역시 모양도 형태도 똑같은 대형 모자를 쓴 상태였고, 남편 말이 전부 사실이라면서 도움을 요청하는 것이 아닌가? 이해하는 척하면서 가족과 상의해보라고 권했던 나는 심란하고 걱정스러워지기 시작했다.

인권위에는 밀짚모자 가족처럼 '특별한 거짓말' 유형의 진정이 꽤 많은 편이다. 인권위법은 명백한 거짓에 해당하는 경우에 조사하지 않고 사건을 종결(각하)할 수 있게 되어 있지만, 명백한 거짓이라는 근거를 당사자에게 설명하는 것이 여간 어려운 일이 아니다. "내겐 생생한 현실인데, 이것이 어째서 거짓이라는 겁니까?"라고 따지면 "상식적으로 보아 그렇게 판단됩니다"라고 설명할 수는 없기 때문이다. 어떤 것을 진실이라고 믿는 사람에게 그것이 거짓임을 증명하기란 불가능한 일에 가깝다. 그래서 조사관도 '거짓말'을 한다. 진정 내용이 명백한 거짓이라고 말하는 대신, "조사를 했지만 가해자가 어떤 인권침해를 하고 있는지 밝혀낼 증거를 찾지 못했습니다"라고 말하는 것이다. 진정인과의 갈등을 피하기 위한 차선책으로 거짓말을 하는 것이기도 하지만, 증거를 찾지 못했다는 것도 완전히 틀린 말은 아니니까.

조사관으로서 사실관계를 조사한다는 것은 거짓말에 익숙

해지는 일이기도 하다. 이스라엘의 역사학자 유발 하라리는 『사피엔스』김영사 2015에서 허구를 만들어내는 능력, 즉 거짓말 능력이 사피엔스 종을 지구의 지배자로 만들었다고 설명했다. 존재하지 않는 것을 상상하고, 그 허구의 세계를 실재하는 것처럼 믿는 인류의 이 특별한 능력을 조사관인 나는 매일매일 확인하고 있는 셈이다.

조사를 하면서 만난 많은 이들은 여러가지 이유로 거짓말을 했다. 어떤 이들은 이득을 챙기려고, 잘못을 숨기려고 교묘한 거짓말을 했다. 또 어떤 이들은 특별한 의도나 목적 없이 그냥 귀찮아서 모른다고, 못 봤다고 거짓말을 했다. 기억의 왜곡이 만드는 결과적 거짓말도 흔하게 만났다. 어떤 사람들은 자신의 기억이 CCTV나 녹음 내용과 다를 때, 불완전한 기억을 의심하기보다는 "내가 똑똑히 보았다"면서 기록이 조작되었다고 주장했다. 인간의 불완전한 기억에 자기기만이나 우연한 상황까지 겹치면 거짓말과 사실의 경계는 더욱 모호해진다. 조사관 경력이 늘어날수록 이해관계자의 말이 아무리 진실해 보여도 그 말을 뒷받침할 명확한 증거부터 생각하게 되었다. 피해자에게 증거에 관해 물으면 자신을 믿지 않는 조사관에게 실망하면서 때로 화를 내기도 하지만, 당신을 못 믿는 것이 아니라 사람의 기억을 믿지 못한다는 것을 설명하기란 쉽지 않다.

그동안 마주했던 다양한 색깔의 거짓말 중 나를 진짜 충격에 빠뜨린 사건이 있었다. 실종 사건을 수사하던 경찰이 실종자의 아들과 아들의 아내를 살인 용의자로 긴급체포했다. 살인의 구체적인 내용들이 언론을 통해 세세하게 보도되면서 부부의 패륜에 비난 여론이 거세게 일어나던 때였는데 갑자기 아내가 경찰을 상대로 인권위에 진정을 제기했다. 조사 중에 허위 자백을 강요하는 등 인권침해를 당했다는 주장이었다. 아내의 주장이 사실이라면 그녀는 천륜을 저버린 끔찍한 살인 용의자가 아니라 부당 수사로 누명을 쓴 억울한 희생자였다.

진정서가 접수되고 얼마 지나지 않은 아침 출근길이었다. 인권위 건물이 보이는 횡단보도 앞에서 신호가 바뀔 기다리며 서 있는데 진정인의 동생에게서 전화가 걸려왔다. "조사관님… 누나가 어젯밤 집에서 목숨을…" 동생은 그녀가 남긴 유서를 찍은 사진을 보내면서 억울함을 꼭 밝혀달라고 흐느꼈다. 핸드폰을 붙잡고 있던 손이 벌벌 떨렸다.

순번에 따라 진정 사건을 배당받기 전까지 그녀는 내게 태양계의 가장 끝 행성인 해왕성만큼이나 머나먼 존재였다. 그런 이가 어느 날 인권침해를 주장하는 유서를 남긴 채 세상을 떠났고, 유가족은 억울함을 밝혀달라며 나를 향해 외치고 있었다. 하루라도 더 빨리 피해자를 만나러 갔다면 사정이 달라졌을까? 만약 그녀가 억울한 누명을 쓴 거라면 세상의 모든 비난이 나를 향해 쏟아질 것만 같았다. 횡단보도 신호등이 푸른색으로 바뀌었지만 길을 건너지 못하고 그곳에 한참을 서 있었다. 가능하다면 피해자 사망을 이유로 조사를 중지하고 싶었다. 한없이 도망치고만 싶은 마음을 붙잡은 건 피해자의 동생이 보낸 유서 사진이었다.

그녀가 부모와 동생에게 남긴 유서에는 자신은 살인 사건과 무관하며 억울하다고 쓰여 있었다. 남편의 죄를 대신해서 사죄하는 마음으로 먼저 간다고, 미안하다고 하면서 키우던 고양이를 잘 돌봐달라고 몇번이나 부탁하는 말을 남겼다. 테두리에 자잘한 꽃그림이 인쇄된 편지지에 또박또박한 손글씨로 쓰인 유서를 보면서 생각했다. 정말 그녀는 허위자백을 강요당했고 억울한 누명을 벗을 수 없을 것 같은 공포에 극단적 선택을 한 것일까? 죽음으로 억울함을 호소하고 남겨질 고양이를 걱정하는 사람이 살해의 공모자일 수 있을까? 무엇보다 죽음을 각오하며 쓴 글에도 거짓말을 적을 수 있을까? 꽃 편지지 위에 꾹꾹 눌러쓴 마지막 맹세와 그녀를 공범으로 가리키는 정황들 사이에서, 내 마음은 죽은 이가 남긴 말의 무게 쪽으로 기울어지고 있었다. 사람이 거짓말을 아무리 쉽게 할 수 있다고 한들 목숨을 걸면서까지 거짓말하는 존재라고 믿고 싶지는 않았다.

살인 사건 수사로 정신없이 바쁜 경찰 수사팀에게 진술서를 요구했고 수사 서류를 제출받아 살폈지만, 진정인이 허위자백을 강요받았다고 볼 수 있는 증거는 발견되지 않았다. 객관적 증거가 없고 경찰들이 진정 관련 내용을 전부 부인하는 상황에서 진실을 아는 당사자는 세상에 없었다. 그러는 사이에도 새로운 증거들이 언론을 통해 세세하게 보도되었다. 디지털 포렌식으로 살려낸 아내의 컴퓨터에서는 살인 방법을 수없이 검색했던 기록이 발견되었고, 남편과 함께 사체 유기 현장에 있었다는 증거도 나왔다. 아내 사망 이후 남편은 아내와의 공모 사실과 사체를 유기한 장소를 자백했다.

진정 사건이 아무 성과 없이 종결된 후 유서 속에 진실이 있다고 믿었던 나는 대혼란에 빠졌다. 객관적 사실이 아니라 개인적 믿음에 기대 섣불리 진실과 거짓을 판단하려 했던 스스로를 반성하면서도 중요한 믿음 하나를 잃어버린 것 같아 쓸쓸한 마음이 드는 것은 어쩔 수 없었다.

우연히 한 방송에서 이 사건을 주제로 범죄 심리를 분석하는 프로그램을 보게 되었다. 어느덧 10년이나 지난 그 끔찍한 살인 사건을 소개하는 이유가 궁금했다. 혹시 아내의 혐의를 새롭게 해석할 증거가 나타난 것일까? 긴장하며 지켜보았지만 충격적인 살인 사건을 소개하는 데 그쳤을 뿐 새로운 해석은 없었다. 죽은 아내의 살인 가담 정도를 바라보는 두 전문가의 의견에 차이가 있었을 뿐이었다. 아내가 살인의 배후였을 가능성을 높게 추론하는 쪽은 수사와 재판 결과에서 드러난 여러 증거를 제시하면서, 단순 가담을 넘어 모든 범죄 과정에 적극적으로 관여했으리라 판단했다. 다른 쪽은 남편의 주장이나 정황 증거만으로는 죽은 사람을 주범으로 판단할 수는 없다는 의견을 제시했다. 두 전문가의 의견 중 어느 쪽이 더 진실에 가까운지는 알 수 없다. 무기수로 징역을 살고 있는 그녀의 남편만이 진실을 알 것이다. 그러나 어느 쪽이든 궁극적으로 유서의 내용이 거짓이었다는 점은 달라질 것이 없었다.

그녀는 죽음이라는 극단적 선택 앞에서 무엇이 두려워 거짓말을 했던 것일까? 진실을 밝히고 사죄할 수 있는 마지막 기회를 왜 거짓말로 대신했을까? 그런 순간에도 남겨질 고양이를 걱정하고 부탁하는 그 애절한 마음이란 무엇일까? 친족을 살해하는 잔인성과 고양이를 안타까워하는 마음이 공존할 수 있는 곳, 그곳이 인간의 마음일까? 조사관 경력이 쌓이고, 더 많은 사건으로 더 다양한 사람들을 만날수록 오히려 사람에 대해 더욱더 알 수 없게 되는 것 같다.

메일 아이디가 '호소'인 이유

"야! 동성애가 인권이냐? 동성애나 조장하면서 국민 세금 받아먹는 XX 것들! 니들이 인간이냐?!" 동성애 차별 개선과 관련한 권고가 나가고 얼마 지나지 않은 때였다. "네, 국가인권위원회입니다"라는 말이 끝나기도 전에 전화기 너머에서 비명에 가까운 고함이 터졌다.

"이 인권 파리 같은 것들아아아아!!!" 한참을 참고 듣다가, 나는 '인권 파리' 부분에 이르러 도저히 참을 수가 없었다. "여보세요? 선생님, 아무리 화가 나도 그렇지 사람보고 파리라니요. 그건 너무 심하신 거 아닌가요?"(상대방이 매우 당황하며 말문이 막힌다. 이럴 때는 조금 더 당당하게 대응하는 게 좋다.) "항의성 민원은 얼마든지 가능하지만, 욕을 하거나 비하하는 말을 하시면 계속 들을 수 없습니다. 죄송하지만 전화를 끊겠습니다." 나는 선언하듯 말하고 수화기를 딱 내려놓았다. 이후 같은 발신번호의 전화가 계속 울렸지만 당당하게 받지 않았다.

점심에 후배 조사관을 만나 오전에 있었던 일을 이야기했다. "내가 인권위 일하면서 별별 욕을 다 먹어봤지만, 듣다 듣다 바퀴벌레도 아니고 파리 취급 받기는 처음이다. 요즘 사람을 벌레에 빗대는 것이 유행이라더니 나보고 인권 파리라니? 너무하잖아?" 후배는 얼굴이 벌게져서 떠드는 내 이야기를 듣다가 고개를 갸우뚱했다. "조사관님, 혹시 '인권 팔이' 아니었을까요? 인권을 팔아먹는다는…" 아뿔싸, 어쩐지 상대방이 과하게 당황하더라니…

인권위 조사관의 업무 시간은 많은 부분 민원 응대로 채워져 있다. 각종 문의와 항의, "조사관님, 일단 한번 들어보세요"로 시작하는 긴긴 하소연에 이르기까지 예고 없이 걸려오는 전화를 받아 설명, 해명, 사과를 하다보면 하루해가 금방 지나간다. 인권 팔이를 인권 파리로 잘못 알아들은 덕분에 '순삭'되는 시간을 아꼈던 운 좋은 날도 있었지만 한번은 민원인 말을 너무 곧이곧대로 들었다가 징계당할 뻔한 일도 있었다.

이른 아침 시간, 노인 한분이 찾아와 위원장을 만나게 해달라고 했다. 차 한잔을 대접하면서 이유를 살살 물어보았지만 막무가내로 위원장 면전이 아니면 말하지 않겠다고 하는 것이 아닌가? 위원장을 만나기 위해 아침밥도 거른 채 새벽 기차를 타고 남쪽 끝에서 올라왔다는 말에 무슨 일인지는 몰라도 이렇게 간절한데 위원장을 만나게 해드려야겠다는 생각이 불끈 솟았다. '그래, 위원장이 아무리 바빠도 이런 노인 한번 만날 시간이 없을까?'

노인을 친절하게 위원장실이 있는 층으로 안내했다. 한시간쯤 지나서 민원 담당 부서의 과장이 나를 조용히 불렀다. "위원장 면담을 요구한다고 무작정 위원장실로 사람을 안내하면 어떻게 합니까? 위원장실 앞이 얼마나 난리였는지 아십니까?" 위원장 비서실 직원들의 만류로 면담이 좌절된 노인이 연좌 농성을 한다는 둥 소란을 피워 겨우 해결하고 내려왔다고 했다. 다음부터 주의하라는 말에 웃으며 알겠다고는 했지만 좀 억울했다. 점잖았던 노인이 소란 민원인으로 돌변한 이유부터 우선 알아보아야 하지 않았을까?

나는 비서실의 미숙한 응대가 노인을 화나게 한 원인일 거라는 생각을 떨칠 수 없었다. 아무리 막무가내 노인이라고 하더라도 교육부나 기획재정부 같은 곳에 가서 장관을 만나게 해달라고 요구할까? 인권을 전담하는 국가기관이니까 한번쯤 그런 객기를 부려보고 싶었던 것 아니겠는가? 민원인 면담은 꼭 일개 직원들만 해야 하고 장차관의 격에 맞는 민원인이 따로 정해져 있기라도 한 걸까? 하긴 위원장 동정란에 소개되는 위원장과 '면담'하고 사진 찍는 사람들의 '신분'은 아침에 찾아온 노인과는 많이 달라 보이긴 했다. 매일 만나라는 것도 아니고 단 10분이라도, 새벽 기차를 타고 수백 킬로미터를 달려온 노인의 소원 한번 들어주는 것이 그렇게 불가능한 일일까?

   김대중 대통령 시절, 청와대 앞에서 1인시위를 하던 노인들이 있었다. 민주정부가 들어서자 혹시나 하는 마음으로 대통령에게 호소하는 사람들이었다. 사안 대부분이 수사기관과 사법기관, 정부의 각종 민원기관을 두루 거친 지극히 개인적인 민사 분쟁으로 대통령이 와도 해결할 수 있는 건 거의 없었지만, 노인들은 간절한 마음에 매일 눈비 맞으며 청와대 앞에 서 있었던 모양이었다. 그러던 어느 날 청와대 관계자가 1인시위하는 노인들을 은밀히 불러 만찬을 대접하고 대통령의 이름이 적힌 흰 봉투를 나누어주었다고 한다. 나의 진정인 중 한분이 그날 받은 흰 봉투를 소중히 꺼내 보여주면서 "대통령이 주신 마음"

이라고 했다. 하얀 봉투 속에는 빳빳한 1만원권 신권 열장이 들어 있었다. 백일기도하는 마음으로 청와대 앞을 찾는 노인들에게 대통령으로서 해줄 수 있는 가장 따뜻한 배려의 방법이었을 것 같다는 생각이 들어서 그 돈을 보자 눈시울이 뜨거워졌다.

국가인권위원회 진정·민원 접수 메일 주소의 아이디는 호소(hoso@humanrights.go.kr)다. 인권위 민원 메일 주소를 정하는 회의에 참석했던 기억이 생생하다. 누구나 무엇이든 억울한 일이 있으면 호소할 수 있는 곳이 되어야 한다는 의미로 메일 아이디를 호소로 정했다. 비록 인권 팔이라는 욕을 먹을지라도 더 낮고 어려운 사람들의 호소에 귀 기울여야 한다고 마음을 다잡아보지만 그럼에도 누군가의 호소를 듣는 일은 결코 쉽지 않다.

굴비 장수 주제에

　몇 년 전 한 국회의원이 비정규직 파업에 참여한 학교 급식 노동자들을 지칭하며 "솔직히 조리사라는 게 별게 아니다. 그냥 동네 아줌마들"이라고 말해 많은 이들의 공분을 샀다. 아줌마와 급식 노동자에 대한 편견을 적나라하게 드러내는 이 말은 한순간에 급식 노동의 의미를 납작하게 눌러버렸다. 사태가 커지자 그 국회의원은 기자회견을 열어 '부적절한 말'에 대해 사과했지만, "(급식 노동자를) '밥하는 아줌마들'이라고 말한 제 마음속의 또다른 의미는 '어머니'와 같은 뜻이다"라고 변명을 해서 더 큰 비난을 샀다.

　우연히 5년 차 배달 노동자의 라디오 인터뷰를 듣던 중에 탄식을 내뱉고 말았다. 그는 한 아파트로 배달하러 갔다가 '투명인간' 취급을 당했던 경험을 들려주었다. "그때 순간 어쩔 수 없이 그냥 넘어갔는데 오면서 온몸이 흥분이 되고 그냥 막 생각도 없어지고 자괴감 들고…" 그와 함께 엘리베이터에 탔던 아주머니가 아이에게 무심히 했던 말은 이랬다. "너도 말을 안 들으면 이 아저씨처럼 평생 배달 일 할 수 있어." 그는 '배달원 주제에' 같은 말을 들었던 날, 서러움에 한강에 가서 울었다며 그런 적이 여러번이었다고 했다. 말이 비수가 되어 꽂힌다는 표현이 딱 들어맞는 순간이 아닌가.

재판을 방청하다가 판사로부터 "주제넘은 짓을 했다"는 지적을 받은 대학교수가 진정을 한 사건이 있었다. 인권위는 목적이 무엇이든 '주제넘은 짓'이라는 표현은 통상 어른이 어린이를 나무라는 것 같은 말(이런 말은 사실 어린이에게도 쓰면 안 된다)이기 때문에 진정인의 사회적 평판을 훼손하는 등 인격권을 침해했다고 판단했다. 그러나 인권위 권고를 받은 법원에서는 권고 내용을 수용하지 않으면서 "법관의 법정 언행은 재판의 범주에 포함된다"고 주장했다. 이 사건에 대한 법원의 불수용 결과를 듣고 나는 분개했다. 할 수 있다면 개인적으로 이렇게 따지고 싶었다.

"판사님은 살면서 비슷한 경험을 한번도 해본 적이 없나요? 설마 그런 거라면 인권위 권고를 불수용하기 전에 길거리에 나가 아무나 붙잡고 한번 물어보세요. '주제넘는다' '너는 그런 주제밖에 안 돼' 같은 말을 들으면 어떤 기분이 드는지. 분명 사람들은 당황하며 이렇게 되물을 거예요. '어머나, 그걸 진짜 몰라서 묻는 건 아니죠?'라고요. 이 말의 뜻을 아신다면 '재판의 범주에 든다' 같은 주장을 그렇게 당당하게 하지는 못하실 거라 생각합니다."

법성포 굴비 사건도 그런 일 중 하나였다. B는 고향인 법성포에서 굴비를 떼다 서울의 아파트 단지를 돌며 팔았다. 한때 버젓한 사업을 했다는 그는 여러 우여곡절 끝에 굴비 장사를 시작하게 되었다. "처음에 몇번은 서울까지 올라왔다 그냥 내려갔어요. 도저히 입이 떨어지지 않아서… 길에서 장사하려니 내 인생이 밑바닥으로 굴러떨어진 기분이 들었지요." 그렇게 시작한 일이었지만 적응이 되자 자주 가는 아파트 단지가 생겼고 "굴비가 왔습니다"라는 말이 자연스럽게 입에서 떨어지게 되었다.

사건이 있던 날도 법성포에서 새벽에 굴비를 싣고 올라와 서울의 단골 아파트 앞에 차를 세웠다. 트럭 장사는 아이들을 마중하기 위해 엄마들이 단지 앞으로 나오는 유치원 퇴원 시간이 판매의 황금시간대다. 그날따라 호응이 좋아 신나게 장사를 하는데 순찰차 한대가 트럭 옆으로 다가왔다. 확성기 소음이 크다는 주민의 신고를 받고 경찰이 출동한 것이다. "당장 확성기 끄고 차량 이동합니다. 계속 소음 신고가 들어옵니다. 아니면 스티커 발부합니다." B는 엄마들이 모여든 이 기회를 놓치고 싶지 않은 마음에 알겠다는 손신호를 하며 공손한 웃음을 보냈지만, 경찰들은 주민들 앞에서 면이 안 선다고 느꼈는지 차를 빼라고 다그쳤다. 이 과정에서 굴비를 둘러보던 엄마들이 뿔뿔이 흩어져 파장 분위기가 되어버렸다. "하루 장사를 망쳤는데 딱지까지 떼이게 생겼으니 속도 상하고 화도 나고 그랬습니다. 신분증을 달라기에 순찰차 창문 안으로 휙 던졌어요." 소음 신고가 접수되어 현장 조치를 한 것일 뿐인 경찰도 B의 태도에 불쾌감을 느꼈던 모양이었다. 옥신각신하던 끝에 경찰의 속마음이 툭 터져 나왔다. "굴비 장수 주제에…"

"제가 법을 위반한 것도 맞고, 신분증을 공손히 제시하지 않은 것도 맞습니다. 그걸 탓한다면 할 말이 없지만, 그렇다고 어떻게 그런 말을 합니까? 사업 실패 이후 가족과의 관계도 엉망이 되고… 살다보면 왜, 그럴 때가 있잖아요? 하루하루 겨우 버텨야 하는 때. 제복을 입고 법을 단속하는 경찰까지 나를 그렇게 하찮게 본다면 평범한 사람들 눈에 내가 얼마나 하찮게 보이 겠습니까? 자식 같은 사람에게 그런 말을 들으니, 벼랑 끝에 서 있다가 갑자기 확 밀려 떨어지는 기분이 들더군요."

진정인은 그날 바로 장사를 접고 경찰서 앞 모텔 방으로 들 어갔다. 모텔 옥상에 올라가 경찰서 안마당을 내려다보며 죽 음을 생각했다고 했다. 그리고 날이 밝자마자 경찰서에 찾아가 민원을 냈다. 죽을 때 죽더라도 사과는 받고 싶은 마음에 "굴비 장수 주제에"라는 말을 사과하라는 민원을 냈지만, 경찰은 그 런 말을 한 적이 없다고 부인했다. 그가 적극적으로 이의신청 을 할수록 그는 '말 한마디에 집착하는' '나잇값 못하는' '자식뻘 되는 사람을 괴롭히는' '법을 위반하고 꼬투리를 잡는' 사람으로 보일 뿐이었다. 사실 맨 처음 그의 진정서를 읽었을 때 내게도 비슷한 생각이 스쳤었다. 단순한 말 한마디에 너무 집착하는 것은 아닌가? 사정을 상세히 듣고 나서야 사과를 받고 싶은 그 의 심정을 이해할 수 있었다. "자세히 보아야 예쁘다"고 노래한 시인의 말처럼 모든 진정 사건들이 그랬다. 자세히 보아야 인 권위까지 찾아온 마음이 보였다.

조사 중에 진정인이 지목한 젊은 경찰을 만났다. 그는 B가 신분증을 던져서 기분이 상했던 것은 사실이지만 '굴비 장수 주제에' 같은 말을 했는지는 기억이 나지 않는다고 했다. 일부러 거짓말을 하려는 것이 아니라 실제로 자신이 했던 말을 전혀 기억 못하는 것 같았다. 자칫 한 사람의 목숨을 앗아갈 수도 있었던 말 한마디는 그렇게 허공으로 날아가버렸다. 법성포 굴비사건은 아주 긴 중재 과정을 통해 '본의 아니게 한 행동'이라는 단서가 붙은 경찰의 사과로 마무리되었지만 말에 베인 B의 상처가 그것으로 아물었는지는 모르겠다.

어떻게든 버티며 존엄을 지켜가는 이들을 한순간에 무너뜨리는 것은 칼이 아니라 한마디 말이나 태도일 수 있다. 문제가되면 별 뜻이 없었다고 해명되기 일쑤인 그 언동들은 사실 평소에 우리 안에 내재된 차별과 편견에 뿌리를 두고 있다. 차별과 편견은 어떤 존재를 한순간에 투명인간으로 만들어버리기도 한다. 프랑스의 르포 기자 플로랑스 오브나가 2009년에 180일 동안 청소부로 일했던 경험을 쓴 『위스트르앙 부두』의 한 장면이 떠오른다. 그녀는 새벽에 사무실을 청소하다가 은밀한 정사 상황을 목격하게 된다. 오브나는 그들이 민망해하지 않도록 일부러 인기척을 하고, 가까이에서 진공청소기를 돌렸지만 그들은 그 소리를 애써 들으려 하지 않고 그녀를 쳐다보지도 않았다고 한다. 오브나는 이 장면을 회고하면서 이렇게 썼다. "그들에게 있어 나 같은 존재는 그저 진공청소기의 연장일 뿐이며, 고무장갑에 청소 작업복을 걸친 진공청소기 같은 기계에 지나지 않는 것이다."•

꼭 어떤 의도를 가지고 누군가를 진공청소기나 투명인간으로 만드는 것은 아닐 것이다. 오히려 생각 없음이 문제를 일으키는 경우가 훨씬 더 많다. 살구색을 살색이라고 말하면 다른 피부색의 사람들은 지워지거나 '틀린' 피부색을 가진 사람이 된다. 생각해보면 정작 우리의 피부색과도 다른 그 색을 왜 우리는 살색이라고 부르게 된 것일까? "청소년 교통카드를 단말기에 찍으면 '학생 할인입니다'라는 음성 메시지가 나오는데, 그때마다 제가 거짓말하는 것처럼 느껴졌어요. 저는 청소년이지 학생은 아니거든요." 10대는 누구나 학생이라는 고정관념이 탈학교 청소년들을 투명인간으로 만들고 있었다. 대중교통 학생 할인을 청소년 할인이란 이름으로 바꾸게 된 이유다. 요즘 학교에서 학부모라는 표현 대신에 보호자라는 말을 쓰도록 하는 것도 고정관념의 카테고리를 지우는 일이다. 엄마가 세상을 떠나 아빠와 사는 아이들을 돌보는 일을 하는 선배 언니는 가끔씩

• 플로랑스 오브나 『위스트르앙 부두』 윤인숙 옮김, 현실문화 2010, 247면.

망연해진다고 했다. 아이들이 '엄마와 함께하기' 같은 숙제가 적힌 알림장을 가져올 때, 그걸 받아 적던 아이 마음이 느껴져서 말이다.

우리의 말과 행동이 누군가를 납작하게 눌러버리는지를 알아채는 것은 사실 쉬운 일이 아니다. 적극적으로 예민하게 감각을 열어놓아야 느끼고 생각할 수 있는 것 같다. 누군가 이런 마음 상태에 '인권감수성'이라는 예쁜 이름을 붙였다. 인권감수성을 키우는 것은 이제 선택이 아니라 필수가 되어야 한다.

"인권감수성을 키우려면 어떻게 해야 하나요?" 인권위 조사관으로 오래 일했다는 이유로 사람들이 내게 묻는다. 이런 질문을 받으면 정말이지 곤혹스럽다. 그럴듯한 답변을 하고 싶지만 사실은 나도 조금씩 배워가고 있을 뿐이다.

공지영 작가의 소설 『도가니』창비 2009, 그리고 동명의 영화 「도가니」, 황동혁 감독 2011를 통해 세상에 널리 알려진, 농인 학교에서 벌어진 성폭력 사건을 조사할 때였다. 본격적인 조사에 앞서 재학생과 졸업생이 참여하는 1박 2일 워크숍을 진행했다. 조사관들과 학생들의 라포 형성을 위한 목적도 있었지만 무엇보다 상처받은 피해자들을 위한 치유와 회복의 시간이 필요하다고 생각했기 때문이었다. 담당 조사관의 노력으로 상당한 예산을 마련할 수 있었다. 깊은 산속에 자리잡은 한 리조트에서 피해자들과 조사관, 인권활동가 들이 함께 '뛰고, 놀고, 웃는' 즐거운 시간을 보냈다. 그중에 음악에 맞춰 막춤을 추는 시간도 있었다. 농인들은 귀로 소리를 듣지 못했지만 몸으로 소리를 느꼈다. 비트가 강한 음악이 만드는 진동을 맨발로 느끼며 마음껏 춤을 췄다.

모두가 수어로 자유롭게 대화하는 그곳에서 수어를 전혀 모르는 나는 묘한 소외감을 느꼈다. 수어로 대화하는 사람들의 현란한 손동작과 풍부한 표정을 신기하게 바라보다가 문득 그들의 의사소통 세계에서 나의 언어는 쓸모없는 소음에 불과하다는 것을 알았다. 그들은 수어로 이야기할 때도, 분노나 즐거움을 표현할 때도 수많은 소리를 만들어냈다. 웃음소리, 박수소리, 발을 구르는 소리가 공간을 가득 채웠다. 숙소의 문을 여닫을 때도 수시로 쾅쾅 천둥 같은 소리가 났는데 농인들은 그 소리를 전혀 신경 쓸 필요가 없었다. 문소리에 깜짝깜짝 놀라는 사람은 나 같은 청인들뿐이었다. 또 그들이 대화할 때 서로를 얼마나 골똘히 쳐다보는지도 알아차리게 되었다. 수어를 읽기 위해서 상대가 '말하는' 동안은 온전히 상대에 집중해야 했다.

처음에는 낯선 소음 때문에 놀라기도 했지만 점차 익숙해졌고, 소음에 주의하지 않는 데서 오는 색다른 쾌감도 있었다. 이틀에 불과했지만 나도 그들처럼 크게 웃고 손뼉 치고, 문을 쾅쾅 여닫아보았다. 장애가 있어서 불편한 이유는 장애 그 자체가 아니라 이 세계가 비장애인 위주로 설계되어 있기 때문임을 새삼 확인하는 시간이었다.

본격적인 피해자 면담 조사에 앞서 간단한 설문지와 진술서 양식을 돌렸다. 참가자들이 쓴 설문지와 진술서를 정리하면서 나는 매우 당황스러웠다. 막 한글을 배우기 시작한 외국인이 쓴 것 같은 글씨체와 잘못된 맞춤법으로 구성된 이상한 문장들이 종이를 가득 채우고 있었다. 워크숍 내내 자유롭게 의사를 표현하던 그들이 작성한 글이라고는 도저히 믿을 수 없었다. 나는 어쩐지 속은 기분이 들었고, 막대한 예산이 사용된 워크숍의 결과가 고작 읽기도 어려운 진술서인가 싶어 속이 상했다. 나의 불만을 눈치 챈 인권활동가가 친절하고도 상냥하게 알려주었다.

"조사관님, 그거 아세요? 농인들이 수어를 배우는 것은 청인들이 영어를 배우는 것과 같아요. 그리고 그들이 글을 쓰고 읽는 건 영어 외에 제2외국어로 독일어나 불어를 배우는 것과 비슷하죠. 그러니까 수어로 대화하는 것은 유학도 안 가고 동시통역사가 된 사람과 같은 거예요. 대단하죠? 제아무리 뛰어난 동시통역사도 외국어를 몇개씩 유창하게 구사하기는 어렵지 않나요? 청인의 기준에서 피해자들이 쓴 한글이 서툴고 문법이 틀린 것처럼 보이겠지만, 제2외국어로 그 정도 해냈다면 정말 훌륭한 것 아닐까요?"

불만은 금세 부끄러움이 되었다.

우리는 모두 이런 식으로 조금씩 '알아차리며' 인권감수성을 키워간다. 인권은 법이나 제도로 뒷받침되지 않으면 제대로 힘을 발휘할 수 없지만, 그 제도나 법 역시 사람이 하는 일이기에 감수성이 없다면 실천되기 어렵다. 편견을 버리고 다른 관점에서 생각하기 위해서는 마음이 말랑말랑해져야 한다. 말랑말랑한 마음이 법보다 훨씬 힘이 세다고 말하는 것이 인권감수성 아닐까? 누군가를 투명인간으로 사라지게 하는 망토를 대신할 다양한 색과 무늬의 망토를 직조하는 일이 인권감수성을 키우는 방법 아닐까? 작은 소리에 더 관심을 기울이는 것, 그리고 생각하고 실천하는 것. 도덕 교과서 같은 말처럼 들리지만 도저히 다른 길이 있을 것 같지 않다.

2부

고작
이만큼의 다정

일의 기쁨과 슬픔

　평범한 직장인으로 살다가 스물일곱살이 되던 해, 조금 거창하게 말하면 시민단체에서 새로운 인생을 시작했다. 지금 생각하면 꽤 큰 변화였는데 새로운 일에 대한 기대 덕분에 활동비 40만원이 월급을 대신한다는 사실조차 큰 문제로 생각하지 않았다. 시민운동을 시작하고 얼마 지나지 않아 IMF 사태가 터졌고 시민단체 역시 긴 고통의 터널을 지나야 하던 때였지만 개인적으로는 처음으로 '일의 기쁨'을 맛보던 시절이기도 했다.

　경기도 수원시에 살던 나는 화서역에서 서울YMCA 시민중계실이 있는 종각역까지 왕복 세시간을 출퇴근했다. 당시 국철은 일주일에도 몇번씩 고장으로 멈춰 섰고, 냉난방은 허술하고 플랫폼 안전문도 없던 때라 언제나 춥거나 더웠다. 특히나 겨울에는 잠깐 정차하는 사이 시베리아 칼바람이 들이닥쳐 열차 안은 냉동고 버금가는 온도가 되었다.

출근 시간은 보통의 직장인과 같았지만 밤 10시에 퇴근할 때도 일찍 퇴근하는 기분이 들 정도로 일이 정말 끝도 없이 많았다. 오랜만에 일찍 퇴근했던 어느 날, 내가 살던 빌라 입구가 하도 낯설어 그 앞에서 한참 주저했던 기억이 난다. 계속되는 야근으로 몸은 죽처럼 녹아내려 주말이면 누룽지가 될 때까지 방바닥에 딱 붙어 있곤 했지만, 월요병이 뭐냐고 물을 정도로 일터에 나가는 것이 즐겁기만 했다. 그 당시 내가 그토록 신났던 이유는 아이러니하게도 '부당하고 억울한 일'을 해결하는 데서 오는 만족감 때문이었던 것 같다. 억울한 사람들을 만나는 게 즐거울 일은 아니지만 나의 알량한 지식과 노동이 누군가의 삶을 조금이나마 낫게 할 수 있다고 믿었고, 그런 일을 할 수 있다는 사실이 신기하고 고마웠다.

서울YMCA 시민중계실은 한마디로 요약하면 '이것저것 억울한 건 무엇이든 물어보는 곳'이었다. 종각역에 있는 YMCA 건물 416호, 그 작은 사무실로 이른 아침부터 늦은 밤까지 정말 다양하게 억울한 사연을 가진 사람들이 찾아왔다. 불법 다단계

업체에 빠져 등록금을 날린 대학생들이 반품할 자석 요를 들고 왔고, 전셋집이 경매되어 평생 모은 돈을 날리게 된 집 없는 사람들이 찾아왔다. 방문판매로 산 수백만원어치 건강보조식품을 들고 왔던 퀭한 눈의 노인들, 간단한 법원 답변서를 쓸 줄 몰라 억울한 추심을 당한 사람들, 사법 피해자와 의료사고 피해자들… 마땅히 기댈 곳 없던 별별 사연의 사람들이 하루에도 수십명씩 우리를 찾았다.

특히 서울YMCA가 주택임대차보호법 제·개정 운동을 오래 해왔다는 것 때문에 이 법에 대한 상담이 많았다. 지금은 전월세를 계약하기 전에 등기부등본을 확인하고 전입신고와 확정일자를 확인받는 것이 상식이지만, 그때는 집주인 말만 믿고 계약했다가 보증금을 떼이는 경우가 많았다. 전세 계약 전이라면 확정일자 받는 법이나 최우선변제금액 같은 세입자 보호제도를 알려주면 되었지만, 문제는 이미 집이 경매되어 보증금을 돌려받을 가능성이 없는 사람들이 주로 찾아왔다는 것이다. 그런 사람들은 대개 한숨을 지으며 돌아섰고 몇몇은 울화를 우리에게로 돌리기도 했다. 무작정 찾아와 "너희가 상담을 잘 못해줘서 전세금 다 날렸어! 어떻게 할 거야? 책임져! 다 불살라버리기 전에!"라며 분풀이를 했다. 오죽하면 그럴까 싶으면서도 야속하고 답답해서 잠을 설쳤다.

그렇다고 시민중계실에서 늘 심각하고 진지한 일들만 했던 것은 아니었다. 지금 생각하면 다소 '오버'일 수 있는 생활 초밀착형 활동도 많았다. 유명 식당들에서 고기 정량을 속인다는 제보를 받고 방법을 고민하던 끝에 직접 가서 무게를 달아보자는 생각에 이르렀다. 단속권이 없는 우리가 고안해낸 조사 방법은 직접 식당에 가서 불고기를 주문한 후 불판에 올리기 전에 요리용 저울에 먼저 달아보아 1인분 정량이 맞는지 무게를 확인하는 것이었다. 막상 조사를 시작하니 예상하지 못한 난관이 많았다. 일단 불고기 양념 국물을 얼마나 포함해야 하는지, 몇차례를 조사해야 객관적이라고 할 수 있을지 등 기준이 애매했다. 그리고 무엇보다 이상한 인간들의 등장을 본 사장님들이 불판을 집어 던질 기세로 화를 냈다. 이 무모한 프로젝트 덕분에 욕도 많이 먹었지만 평생 먹을 유명 고깃집 불고기를 그때 다 먹은 것 같다(기준 정량을 제대로 주는 식당은 거의 없었다). 택시 승차거부 실태를 고발하기 위해 밤에 종로 거리에서 구형 캠코더로 택시 승하차 상황을 찍다가 기사님들에게 멱살을 잡히고 도망쳤던 기억도 난다.

'의약분업 실현을 위한 시민대책위' 활동을 하면서 의료 시스템 개혁 문제에 큰 관심을 쏟던 때는 임신부 검진을 다니면 서도 모니터링 요원처럼 활동했다. 임신 8개월 차에 접어들었을 때 드디어(?) 진료를 다니던 병원에서 임신부들에게 특진비를 상습적으로 부당 청구하고 있다는 사실을 발견했다. 2주마다 검진을 받으러 가면 주치의를 만나는 건 잠깐이었고 주로 진료실 앞 소파에 앉아 있던 임신부들에게 조심스레 말을 걸었다. "혹시 특진비 내셨어요? 신청하지 않은 특진비를 받는 것은 잘 못된 거예요." 처음에는 이상한 여자인가 싶어 피하던 임신부들이 하나둘씩 동참해주었다. 동병상련, 아니 임부상련의 마음으로 '특진비 부당 청구 고발장'에 서명해준 여성들 덕분에 출산 전에 무사히 자발적 모니터링 활동을 종료할 수 있었다(병원은 고발에 참여한 임신부들뿐 아니라 이전 5년 동안 임신부들에게 부당 청구했던 특진비도 전액 반환했다. 다행히도 나는 그 병원에서 안전하게 출산을 마쳤다).

폭리를 일삼는 대기업 교복업체들을 담합으로 고발하고, 역대 최대 규모의 집단소송을 했고, IMF로 어려워진 삶의 불안을 파고든 불법 다단계와의 끝없는 싸움으로 방문판매법 개정을 이끈 것도 그곳이었다. 비좁은 사무실 한구석에는 다단계 피해자들이 가져온 자석 요와 각종 건강보조식품, 집단소송을 위한 서류들이 늘 수북이 쌓여 있었다.

무엇 하나 쉽게 처리되는 것은 없었지만 정말이지 지칠 줄 모르고 즐겁게 일했다. 비둘기 똥으로 얼룩진 두뼘 크기의 쪽 창, 날개에 시루떡 같은 먼지가 낀 환풍기 하나에 빛과 바람을 의지한 작은 사무실에서 우리는 해가 지는지 눈비가 오는지 모른 채 전화를 받고 면담하고 자료를 정리해 보도자료를 써냈다. 밤낮으로 빗발치는 전화를 받다보면 내가 전화를 받았는지 걸었는지조차 자주 헷갈렸다. "여보세요? 무슨 일이신가요?" "…" "아! 죄송합니다. 제가 전화를 걸었죠?"

그렇게 싸우고, 웃고, 울고, 그러다 고개를 들어보니 어느새 몇년이 훌쩍 지나가 있었다. 11월의 어느 늦은 밤이었던 것 같다. 수원행 국철에 앉아 졸다 깨다 하다가 언뜻 신발이 눈에 들어왔다. 이상해서 자세히 보니 짝짝이였다. 양쪽 다 검은색이었지만 한쪽은 굽이 3센티미터쯤 되는 단화였고, 다른 쪽은 굽이 더 낮고 발등이 높은 구두였다. 짝짝이 신발로 하루를 꼬박 보낸 것이다. 국철은 벌써 서울 경계를 한참 지나가고 있었고 객차에 남아 있는 승객도 거의 없었다. 물끄러미 맞은편 창문에 비친 내 얼굴을 보고 있자니 공연히 눈물이 주룩주룩 흘렀다. 얼마나 대단한 삶을 산다고 짝짝이 신발을 신은 줄도 몰랐을까? 종일 까맣게 잊고 있던, 시가에 맡겨놓은 돌 지난 아들이 보고 싶었다. 아마도 그날, 시민단체에서 일한 후 처음으로, 기쁨으로 충만하던 나의 노동에 미세한 생채기 하나를 발견했던 건 아닐까 싶다. 그로부터 두해쯤 지나 인권위가 출범한다는 소식을 들었다. 시민운동 경력을 인정받아 인권위 조사관으로 채용되면서 시민운동가로서의 삶을 마감했다. 대의만을 생각하다가 잃어버린 내 삶을 찾고 싶었다고 할 수도 있고, 어쩌면 작은 상처를 핑계로 영영 그 무거운 짐을 떨쳐버리고 싶었는지도 모르겠다.

인권위 조사관의 업무는 크게 보면 시민운동 때와 비슷했지만 새로 만난 행정이라는 세계는 내 체력으로는 도저히 넘을 수 없는 크고 높은 산처럼 느껴졌다. 시민단체에서 일할 때는 엄두도 못 내던 권한과 예산을 갖게 되었지만 그 대신 어쩔 수 없이 포기해야 하는 자유는 컸다. 창의성이나 열정보다는 성실함과 엄격함이 요구되었고 법과 규정, 지시받고 보고할 문서들로 몸은 무거워지고 둔해졌다. 이 모든 변화에 나는 20년째 적응 중이다. 내 직업을 '공무원'이라고 적는 일이 여전히 익숙지 않다. 가끔은 416호 시절이 선명하게 그립다. 그 작은 방에 중요한 무언가를 남겨두고 온 느낌이 들 때가 있다. 그것은 어쩌면, 더 날것 상태인, 일의 기쁨과 슬픔이 아니었을까?

조사국의 탈곡기 소리

지금도 가끔 시험 보는 꿈을 꾸다 식은땀을 흘리며 깨어날 때가 있다. 내일이 시험인데 공부는 안 했고 그제야 시험 범위를 확인하기 위해 헤매다가 새벽을 맞는 꿈. 시험지를 받았는데 아는 문제가 하나도 없어서 전전긍긍하는 꿈. 고등학교를 졸업한 지 수십년이 지났는데 아직도 이런 꿈을 꾸다니 시험을 어지간히 싫어했던 모양이다.

조사관이 된 후에는 시험을 망치는 꿈만큼이나 막막한 꿈을 꾼다. 오래전에 끝낸 진정 사건들이 되돌아와 책상 위에 산더미처럼 쌓여 있는 꿈이다. '종결된 사건이 왜 다시 와 있지?'라고 생각하며 기록을 펼쳐봤더니 조사 흔적이 말끔히 사라지고 없는 것이 아닌가. 어느 소설가가 노트북이 망가져 완성 단계에 있던 원고를 전부 날리고 몇년 동안 글을 쓰지 못했다는 기사를 읽은 적이 있다. 그 충격과 비교할 일은 못 되겠지만 종결시킨 사건을 다시 시작해야 한다고 생각하면 꿈에서도 제발 꿈이길 바라는 마음이 간절해졌다.

사건 부담이 늘어나면 깊이 있는 조사는 어려워지고 어떻게든 빠르게 처리하는 데 집중하게 된다. 좋은 표현은 아니지만 조사관들끼리는 사건을 종결하는 것을 '사건을 털어낸다'라고 한다. 연말이면 조사국은 농촌에서도 더이상 듣기 어려운 탈곡기 돌아가는 소리로 분주해진다. 연말 평가 실적을 위해 수월하게 털어낼 수 있는 사건들을 우선 처리하기 때문이다. 어렵고 복잡한 사건은 털어내기가 그만큼 까다롭다. 어려운 사건은 밀쳐두고 쉬운 사건만 붙잡고 요령껏 사건을 잘 털어낼 때 스스로를 '탈곡기' 조사관이라고 자조하기도 한다.

진정인의 주장을 잘 듣고 요점을 정리한 뒤 이에 대한 피진정인의 변명이나 이유를 파악하는 일이나 사건의 관련 증거를 수집하는 일도 어렵지만, 그 모든 이야기를 잘 엮어서 보고서를 쓰는 건 어떤 면에서 가장 어려운 일이다. 간단한 사건이면 몇쪽짜리 보고서로 끝낼 수 있지만 수십쪽을 써야 하는 사안도 있다. 그러다보면 보고서 자체가 사건 조사의 목적처럼 되어서 현장에 나가 조사하는 일보다 책상에 앉아 보고서를 쓰는 일이 더 중요하게 느껴지기도 한다. 언젠가 자문회의에 만났던 한 교수가 학교에 강의만 없다면 일할 만하다고 해서 크게 웃은 적이 있다. 부수적인 일들이 많아지면 그 직업 본래의 목적은 슬슬 뒤로 밀려나다가 어느새 걸리적거리는 일로 치부되기도 하는 것 같다. 인권침해와 차별을 예방하고 피해자를 구제하는 일이 인권위 조사관 업무의 본질임에도 실적과 보고서에 치여 목적이고 뭐고 우선 내 눈앞에 쌓여 있는 사건들을 하루빨리 털어내는 일을 최우선으로 삼게 된다.

그래서 진정을 취하해주면 그렇게 고마울 수가 없다. 취하를 하겠다는 말을 들으면 민망하게도 "고맙습니다"라는 명랑한 감사의 말이 튀어나온다. 인권위법에 따라 진정인이 진정을 취하하면 그 내용의 심각성이나 중요성을 떠나 바로 사건을 종결시킬 수 있다. 그러다보니 가끔은 조사관이 은근히 취하를 유도하는 경우도 없지 않다. 조사해도 별 대안이 없을 것 같거나, 어차피 조사 대상이 되지 않는 경우거나, 진정인이 원하는 결론에 이르기 어려울 때, 제 나름의 방법으로 진정인을 이해시켜 진정 취하를 요청해보는 것이다. 물론 조사관의 이런 '노력'이 없이도 여러 이유로 진정이 취하되는 경우도 많다. 인권위가 본격적으로 조사를 시작한 2002년부터 2020년까지 14만 7,563건의 진정 사건이 처리되었는데 그중 진정인의 진정 취하로 사건이 종결된 경우가 6만 2,361건으로 엄청난 비중을 차지했다.[*]

어차피 결론이 뻔한 사건인데 굳이 복잡한 행정 절차를 거치는 과정이 낭비일 수도 있고, 충분한 소통의 결과가 진정 취하로 연결되는 경우도 많아서 진정 취하로 사건을 종결하는 것이 반드시 나쁘다고 할 수는 없다. 어쩌면 인권위에서 일방적으로 결론을 내려서 문서로 보낼 때에 비해 덜 폭력적인 방식일 수도 있다. 그러나 이러한 '효율적인' 처리 방법에는 위험성이 따르기 마련이다. 어떤 사안이 인권침해나 차별 행위가 되는지 판단하는 일은 가치에 관한 것이기도 해서 최대한 다양한 토론이 필요하다.

진정 사건에 관한 결정은 대부분 세명으로 구성된 조사 소위원회에서 담당하는데, 결정을 내릴 때 다수결이 아닌 만장일치로 결정한다. 만장일치가 안 될 때는 열한명의 인권위원으로

● 국가인권위원회 『2020 국가인권위원회 통계』 국가위원회 2021, 121~23면.

구성된 전원위원회에 올려 가능한 한 인권위원들의 의사가 합치될 때까지 토론한다. 어떻게 보면 비효율적으로 보이는 이런 논의 과정이 필요한 이유는 인권침해나 차별의 문제를 해결하는 길이 하나의 정답을 찾는 여정이 아니기 때문이다. '인간은 존엄하다'는 대전제를 바탕으로 한 토론이기에 다양한 결론이 가능하다. 굳이 비교하자면 수학 문제를 푸는 것이 아니라 소설이나 시 읽기에 훨씬 가깝다고 할 수 있다. 그래서 조사관이 고의나 악의가 없더라도 판단 오류로 부적절하게 진정 취하를 권유하는 실수를 할 수 있다는 점을 항상 주의할 필요가 있다.

2014년 군에서 고문, 가혹행위로 사망한 군인의 유가족이 인권위에 진정을 제기했다. 인권위는 조사 과정에서 군검찰에서 충분한 조사가 진행되고 있다는 이유 등으로 진정 취하를 받고, 이를 '조사 중 해결' 사건으로 처리한 적이 있었다(조사 중 해결' 사건이란 인권위 조사 중에 피해자가 원하는 방향으로 문제 해결이 된 사건을 말한다). '조사 중 해결'로 처리되었던 이 사건은 얼마 후에 군인권센터를 통해 군검찰의 사건 축소, 은폐 사실이 알려지면서 큰 사회적 파장을 일으켰다. 인권단체의 활동이 없었다면 조용히 억울한 죽음으로 묻혀버렸을지도 모를 이 사건은 이후 군대 내 폭력의 심각성을 알리는 결정적 계기가 되었다.

2020년 한 운동선수의 아버지가 딸을 피해자로 하여 진정을 접수했다. 내용을 파악하는 과정에서 해당 사건이 인권위 진정 뿐 아니라 경찰에도 사건 접수가 된 것이 확인되었다. 같은 내용으로 수사가 진행될 경우 인권위법에 따라 진정 사건이 각하될 수 있다는 안내를 받은 아버지는 인권위 진정을 취하했고 사건은 그렇게 종결되었다. 이후 피해자가 진실을 밝혀달라는 유서를 남기고 세상을 떠나는 안타까운 일이 발생했다. 운동선수 출신의 국회의원이 기자회견을 통해 사건의 진실을 폭로하면서 지도자의 끔찍했던 폭력이 세상에 알려졌다.

예를 든 두 사건 모두 조사관이 취하를 종용하거나 어떤 나쁜 의도를 가지고 사건을 종결한 것은 아니었다. 그러나 이 사건들이 군과 스포츠 분야의 오랜 구조적 병폐가 원인이 된 심각한 인권침해 사건이었는데도 이를 알아채지 못한 잘못은 부정하기 어렵다. 인권위는 뒤늦게 직권조사로 사건을 재조사하여 여러 제도 개선 권고를 했지만, 그 과정이 인권위 조사 시스템의 문제점을 여실히 보여준다는 생각이 들었다. 사건을 담당했던 조사관의 마음고생이 어땠을지 같은 일을 하는 사람으로서 충분히 짐작되지만, 굳이 예를 든 것은 조사관 개인의 문제를 탓하기 이전에 인권위 구조의 문제를 말하고 싶어서다. 사건은 조사관에게 배당되지만 조사와 종결 과정에는 여러 결정권자들의 '도장'이 찍힌다. 결정권자에게 더 많은 권한과 급여를 주는 이유는 조사관이 미처 살피지 못한 구조적 문제를 살피라는 뜻일 테다. 같은 일이 반복되지 않게 하는 것은 조사관을 탓해서 해결될 문제가 아니다. 결정권자들의 더 많은 고민과 각성이 필요하다.

인권위 설립 이래로 조사관 수는 큰 변화가 없었지만 그에 비해 진정 사건 수는 몇배나 늘어났다. 조사관 한명당 매해 100건, 많게는 200건을 처리해도 사건 수는 줄지 않는다. 1년이 지나도록 처리되지 않은 '장기 미제' 사건의 처리 계획을 제출하라는 지시가 20년째 반복된다. 사건 수가 늘어나는 한편 판단도 갈수록 어려워졌다. 인권감수성이 높아지고 욕구도 다양해졌기에 인권의 문제 역시 입체적인 판단이 필요하다. 고문과 가혹행위처럼 누가 보아도 명백한 인권침해로 판단할 수 있는 문제들은 갈수록 적어진다. 그래서 사실관계 조사가 끝난 뒤에도 그것이 부당한 인권침해나 차별의 문제인지 알 수 없는 괴로운 사건들이 쌓여간다.

밤을 새워 작품을 완성했는데 무엇을 만든 건지 알 수 없을 때의 난감함을 무엇에 비유해야 할까? 미술관에 전시된 현대미

술 작품 앞에서 골똘히 고민에 빠지는 일과 닮았다는 생각을 하다가 포기한다. 의미를 알 수 없는 작품을 보고 '저 정도는 나도 그릴 수 있겠네' 하며 다음 작품으로 자리를 옮기는 태도는 조사관에게 허용되지 않기 때문이다. 판단이 어려워 미루다보면 6개월, 1년이 금세 지나간다.

깊은 고민과 숙고가 빠진 인권의 당위적 주장은 보편적 설득력을 갖기 어렵다. 알면서, 어쩌면 알기에 더욱이, 캐비닛에 쌓이는 사건 수라도 줄여보려고 탈곡기 소리를 내며 사건을 털어내다가 혹여 심각한 인권침해의 진실까지 털어버리는 것은 아닌지 전전긍긍하며 두려워한다. 그것은 종결시킨 사건 수백 건을 다시 떠안게 되는 악몽 따위와는 비교가 되지 않을 정도로 무섭다.

프놈펜 가는 길

　낡은 선풍기는 온풍기인 양 후끈한 바람을 쏟아냈다. 천장에서 솜이불 같은 공기가 침대로 내려앉았다. 덥다는 말로는 간단히 표현되지 않는, 예컨대 물이 펄펄 끓는 솥단지 앞에 앉아 있는 느낌이라고 할까. 방 안의 열기로 옥수수나 감자를 찔수도 있을 것 같다. 아침에 찐 감자 형체로 발견된다면, 프란츠 카프카의 소설 『변신』 속 벌레로 변한 주인공만큼은 아니겠지만, 무척 당황스러운 일임은 분명하다. 지구별에 살면서 이 밤만큼 간절하게 새벽을 기다린 적이 있었던가? 그런데, 여기는 어디인가? 캄보디아 수도 프놈펜의 양철 지붕 밑, 쪽창 하나 없는 작은 방. 나는 왜 낯선 프놈펜에서 이토록 간절히 새벽을 기다리고 있나? 정신을 차려야 한다. 이국땅에서 찐 감자가 되기 전에 해결해야 할 사건이 있다.

프놈펜 소재 한 민간단체에서 성희롱 사건이 발생했다. 피해자는 20대 신입 직원이고, 가해자는 60대 남자로 운영 책임자였다. 인권위법은 외국에서 벌어진 한국인 사이의 성희롱을 조사 대상에 포함하고 있다. 하지만 막상 외국에서 일어난 사건을 받아보니, 사실 확인이 거의 불가능해 보였다. 성희롱 사건은 특성상 직접증거가 있는 경우가 거의 없어 현장에서 주변 관계자들의 진술을 듣는 것이 중요한 조사 방법 중 하나다. 현장에 답이 있다고 할까?

당사자 조사에서 가해자는 펄펄 뛰며 진정 내용을 부인했고, 피해자는 경험한 사람만이 알 수 있는 내용을 구체적으로 진술했다. 하지만 피해자의 진술 개연성이 높다고 해서 다른 증거 없이 진정 내용을 사실로 인정할 수는 없었다. 여러 날을 답답한 마음으로 사건 기록만 뚫어져라 쳐다보다가 문득 프놈펜에 가야겠다는 생각이 들었다. 현장에 가면 어느 정도 사건의 정황을 파악할 수 있지 않을까? 인권위법이 외국에서 벌어진 사건을 조사 대상으로 삼는다면 사건이 발생한 도시에 가지 못할 이유도 없지 않겠는가?

국외 현장조사를 가겠다는 말을 들은 조사국장은 출장 예산도 없고 선례도 없다며 난감해했다. 감사기관에서 국외 출장을 외유성으로 생각하는 경향이 높아서(실제 그런 경우가 많기도 하지만) 선례가 없는 일을 하면 문제가 될 수 있다고 했다. 그렇게 생각하면 공무원 사회에서 모든 첫번째 사례는 어떻게 생겨난 거지? 선례의 선례가 되는 사례가 있어야 선례가 생기는 법이 아닌가. 그렇다면 그 첫번째 선례를 내가 만들어보자.

　　출장계획서를 들고 사무총장을 찾아갔다. 인권변호사 출신의 사무총장은 예산이니 선례니 같은 말 대신 목적을 물었다. "최 조사관, 프놈펜에 가면 증거를 찾을 수 있을 것 같아요?" "아, 그게, 그게 그러니까요. 현장에 답이 있다, 뭐 이런 말 들어보셨어요? 일단 현장을 가봐야 하지 않겠습니까? 현장에 가면 뭐든 찾을 수 있을 것 같은 느낌이…"

　　돌이켜 생각하면 참 한심한 대답이었다. 대책 없이 무작정 현장에 가보겠다고 우기는 것으로 들렸을 것이 뻔했다. 현장에 간다고 증거가 갑자기 튀어나올 가능성도 사실 없었다. 그러나 진정 내용이 사실이라면 가해자는 분명 캄보디아 여성 직원들에게도 유사한 언행을 했을 가능성이 컸다. 서울구치소 교도관에게 성추행을 당한 여성 수용자가 자살한 사건이 발생했을 때, 유서에 적힌 피해 내용이 증거의 전부였지만 인권위는 조사를 통해 또다른 피해자를 찾아냈다. 서울구치소에서 가해자와 면담한 적 있는 다른 여성 수용자를 만나 인터뷰했더니 유사한 피해 사실들이 줄줄이 확인되었다. 나는 그 가능성에 기대보고 싶었다.

우여곡절 끝에 동행자 없이 단독으로 캄보디아 프놈펜 2박 3일 출장 명령을 받았다. 비행기에 탑승하자 심장이 두근두근했다. 증거를 찾아오겠다고 큰소리쳤지만, 프놈펜 사무소에 조사 협조 요청 공문을 보냈을 뿐 구체적인 조사 계획은 없었다. 내가 믿을 건 오직 메모 한장뿐이었다. 메모에는 피해자가 알려준 캄보디아의 전직 직원 몇 사람의 이름이 적혀 있었다. 진정 사건이 접수된 이후 프놈펜 사무소에 새로운 센터장이 부임했고, 피해자와 함께 일했던 직원들은 전부 교체된 상태였다. 퇴사한 직원들을 찾을 수 있을지 알 수 없었다.

비행기에서 진정서를 반복해 읽었다. 글로 읽기도 민망한 내용이 여러 페이지에 걸쳐 계속되었다. 피해자는 처음부터 듣기 싫다는 의사를 분명히 밝혔지만, 가해자는 '결혼 적령기 아니냐. 미리 지식을 쌓아도 나쁠 것 없다' '어디서 돈 내고도 듣지 못할 강의다'라며 개의치 않고 성희롱을 계속했다. 가해자의

'강의'는 주로 일과 후 저녁식사를 마친 뒤, 더위를 피해 마당이나 발코니에 앉아 있을 때 시작되었다. 사건 현장인 프놈펜 센터는 양철 지붕을 얹은 목조 가옥으로 사무 공간인 1층, 강당과 직원 숙소로 사용되는 2층으로 구성되어 있었다. 숙소생활을 했기 때문에 근무 시간 후에도 피해자는 가해자와 곳곳에서 마주쳤다. 강당에 미닫이문을 달아서 만든 숙소의 방은 방음과 더위에 취약할 수밖에 없었다. 가해자가 밤에 컴퓨터로 뭘 보든 말든 상관할 일은 아니지만, 얇은 벽을 넘어 포르노 속 '각종 음향'이 피해자에게 전달되었다. 진정서의 내용이 사실이라면 피해자가 느꼈을 성적 수치심과 혐오감은 더 설명할 필요도 없어 보였다.

프놈펜 사무소에 막 도착했을 때 열대의 더위를 식히는 소나기가 한차례 지나갔다. 양철 지붕 위에 고양이가 열마리는 뛰어다니는 것 같은 소란한 빗소리가 꼭 내 마음 같았다. 무작정 사건 현장으로 달려왔지만 어디서, 어떻게 시작해야 할지 막막하기만 했다. 그런데 그때 '귀인'이 나타났다. 소속된 직장에서 발생한 사건에 개입을 원하는 경우는 매우 드물고, 특히나 성희롱 같은 민감한 사건인 경우는 더더욱 한발짝, 아니 열발짝쯤 물러서 있는 것이 보통의 직장인들이다. 그래서 새로

부임한 사무소 책임자에게 도움을 받을 수 있을 거라는 생각은 애초부터 하지 않았다. 그러나 그녀는 달랐다. 이동 수단이 마땅치 않은 그곳에서 택시나 오토바이를 불러주었고, 전직 직원들은 물론 참고인으로 조사할 만한 사람들을 적극적으로 수소문해주었다. 그녀의 선의가 없었더라면 낯선 타국에서 제2의 피해자들을 찾아내는 것은 아마 불가능했을 것이다. 선의와 열정을 담은 마음이 모여 진실의 불을 밝힌다는 믿음의 경험치가 그녀 덕분에 한단계 올라갔다.

털털거리는 오토바이 뒷좌석에 매달려 참고인 주소지를 찾아갔다. 한식당 사업을 하는 중년의 한국 여성은 송사에 얽히고 싶지 않다면서도, 결국 중요한 단서들을 알려주었다. "내가 직접 본 적은 없지만, 전 센터장에 관한 좀, 그런 평판을 들은 적이 있어요. 만나는 여성들에게 희롱을 걸었다고 하고, 희롱하는 말은 저도 좀 들었어요. 나야 뭐 나이도 있고 하니 그냥 넘어갔지만." 그분의 진술은 직접증거는 아니더라도 사실을 증명하는 중요한 정황증거가 되기에 충분했다.

늦은 오후 사무소에서 만난 전직 직원 W는 기다렸다는 듯이 마음에 쌓아두었던 억울한 말들을 쏟아냈다. 그녀 역시 전 센터장의 성희롱 피해자였다. 그는 시시때때로 그녀를 껴안으려 시도했고, 그럴 때마다 '남자 어른이 젊은 여성을 안는 것이 한국의 문화'라고 설명했다고 한다. W는 자신과 함께 일했던 조리사 P의 이야기도 생생하게 기억하고 있었다. "센터장이 샤워할 때 욕실 문을 항상 열고 있었대요. 매번 P에게 수건을 가져오라고 시켰다고 해요. 샤워 후에는 수건만 두른 채 돌아다녔고, 포르노를 보면서 P에게 몸을 만져달라고 요구하기도 했대요." P를 만나보고 싶었지만 P의 지인들도 정확한 행방은 알지 못했고 고향으로 돌아갔을 거라 추측만 했다. P의 고향은 프놈펜에서 버스로 하루가 꼬박 걸리는 곳이었다. 출장을 연장해서 고향을 찾아간다 해도 P를 만날 수 있다는 보장이 없었다. 그리고 P의 직접 진술이 없더라도 W의 진술만으로도 인권위원들이 충분히 진실을 판단할 수 있겠다는 생각이 들었다.

약속된 인터뷰를 모두 마쳤을 때, 어느새 사무소 마당으로 땅거미가 깊숙이 내려앉고 있었다. 호텔로 돌아갈 교통편을 알아보는데 센터장이 숙소에서 자고 가라며 나를 붙잡았다. "피해자가 쓰던 방에서 하룻밤 자보는 것도 조사에 도움이 되지 않겠어요?" 틀린 말도 아니었다. 무엇보다 혼자 호텔로 돌아갈 엄두도 나지 않던 터였다. 나는 주저하지 않고 숙소 1박을 결정했다. "그런데 방이 좀 덥습니다… 괜찮으실까요?" 밤길도 무섭고, 피곤했고, 사건이 잘 풀려서 기분도 좋았던 탓인지, 모든 것이 긍정적으로 해석되었다. 선배 조사관은 증거를 찾으려고 무덤 옆에서 잠도 잤다는데, 하룻밤 무더위쯤이야. "노 프로블럼, 돈 워리!"라고 명랑하게 대답했으나 그것은 '좀 덥다'는 것이 어떤 의미인지 알지 못했기 때문이었다.

양철 지붕에서 내려오는 열기 때문에 찐 감자가 되기 직전, 나는 미닫이문을 드르륵 열고 밖으로 뛰쳐나왔다. 열대의 나무들 위로 새소리가 분주했다. 멀리서 오토바이 지나가는 소리도 들렸다. 밤사이 마당의 망고나무들이 한뼘은 자란 것처럼 느껴졌다. 아침식사를 준비하던 캄보디아 여성이 나를 보고 반갑게 인사했다. "굿모닝! 어젯밤에 잘 잤니?" "노 굿모닝. 정말, 정말, 더워서 죽는 줄 알았어"라고 말하려다가 꿀꺽 삼켰다. 순간적으로 그녀가 이 숙소에서 매일 밤 열대야를 보낸다는 사실이 떠올랐기 때문이었다. 그 방의 피해자들도 생각났다. 창도 없는 좁은 방에서, 성희롱하는 간부가 무서워 미닫이문을 꼭꼭 걸어 잠그고 잤던 그녀들이 느꼈을 더위와 공포를 생각하지 않을 수 없었다.

프놈펜 성희롱 사건은 두가지의 좋은 선례를 남겼다. 첫째, 해외 출장 조사의 첫번째 선례가 되었고 둘째, 그동안 없었던 고액의 손해배상액을 권고한 사례로도 기록되었다. 인권위원들은 모든 정황증거를 통해 진정 내용을 사실로 인정하면서 최소한의 반성과 사과도 하지 않는 가해자에게 3,000만원의 손해배상을 권고했다. 개인적으로도 즐거운 일이 있었다. 그해 연말 여성단체에서 주는 '여성인권보장 디딤돌상'을 받았다. 적극적인 사건 해결로 성희롱 사건의 좋은 '선례'를 남겼다는 것이 이유였다.

밀가루가 깊은 풍미를 지닌 빵이 되기 위해서는 발효 과정이 중요하다고 한다. 빵을 발효시키는 것이 눈에는 보이지 않는 미생물의 일인 것처럼 누군가의 억울함을 밝히는 데도 법 지식이나 조사 기술 너머의 용기와 열정, 선의나 정직함 같은 보이지 않는 마음이 필요한 것 같다. 프놈펜 성희롱 사건이야말로 피해자와 참고인들의 용기와 선의, 그리고 조사관에 대한 간부들의 믿음 덕분에 진실을 찾게 된 사건이었다.

사건 조사가 끝나고도 여러 계절이 지난 어느 날, 명동의 한 카페에서 피해자를 만났다. 국제기구에서 일하는 것이 꿈이었던 그녀는 큰 사건을 겪은 후에도 도전을 멈추지 않았다. 새로 일하게 된 직장에서 아프리카 구호 사업을 담당하게 되어 출국을 앞두고 있다고 했다. 사건이 종결된 뒤 가끔 진정인의 삶이 궁금할 때가 있지만 마음속으로만 생각할 뿐이다. 사건 종결 후에 다시 만나 안부를 주고받은 이는 그녀가 처음이었다. 프놈펜 사건은 여러 방면에서 새로운 선례를 남기고 있었다. 카페를 나오는데 그녀가 작은 상자 하나를 내밀었다. 폭신한 털이 들어 있는 검은색 가죽 장갑이었다. 받을 수 없다고 손사래를 치는 내게 그녀는 말했다. "조사관님, 조사관님의 손이 계속 따뜻했으면 좋겠어요. 저에게 손 내밀어주셨을 때처럼요." 그 말을 듣는데 도저히 상자를 뿌리칠 수가 없었다.

그녀의 선물은 여전히 포장 그대로 옷장 서랍에 들어 있다. 나는 겨울이 되면 무슨 연례행사처럼 장갑을 꺼내 껴보곤 한다. 그러면서 한번씩 생각한다. 억울한 사람들의 고통과 용기에 대하여, 진실에 불을 밝히는 낯선 이들의 호의와 선의에 대하여. 그리고 무엇보다, 그녀의 바람대로 조사관으로서의 나의 손이 여전히 따뜻한지를. 내가 가는 길이 좋은 선례가 되고 있는지를 말이다.

수취인 사망

출장을 다녀온 오후, 책상 위에 '수취인 사망'이라는 빨간 스티커가 붙은 반송 우편이 올라와 있었다. 수취인 불명이 아니라 분명 수취인 사망이라고 쓰여 있었다. 대전에 사는 진정인에게 보냈던 조사 지연 통보서였다. 설마설마하는 마음으로 담당 경찰서 청문감사실에 전화해서 물어보았더니 비통한 목소리로 비보를 전해주었다. "얼마 전 집에서 스스로 생을 마감하셨다고 들었습니다." 나는 그 말을 듣자마자 수화기를 붙잡은 채로 통곡을 하고 말았다. 조용하던 사무실에 갑작스런 울음소리가 들리자 동료들이 놀란 얼굴로 달려왔으나 한번 터진 울음은 좀처럼 그쳐지지 않았다. 조사 중에 진정인의 사망 소식을 듣는 일이 처음은 아니었지만 그런 통곡은 처음이었다. 얼굴 한번 보지 못한 그분의 죽음이 내게 왜 그렇게 큰 슬픔으로 다가왔을까?

불과 열흘 전까지도 아침마다 전화를 걸어 사건의 신속한 처리를 촉구하던 분이었다. 고물을 수집해 파는 일을 하던 60대의 그는 음주운전에 걸려 운전면허가 취소되었다. 술을 마시고 운전한 것은 백번 잘못한 일이지만, 사고를 낸 건 아니고 무엇보다 운전면허가 없으면 당장의 생업이 불가능해 먹고살 길이 없다고 했다. "지푸라기라도 잡는 심정으로 전화했으니 제발 좀 도와주세요." 그는 사건 과정을 묻는 내게 그렇게 말했다.

물론 사고 여부를 떠나 음주운전을 한 것은 명백한 잘못이었다. 그러나 운전하고 집에 와서 잠이 든 지 몇시간이 지난 후에 '현행범'으로 연행되었다는 부분에서 체포 과정에 문제가 있다는 생각이 들었다. 목격자의 신고가 있었다지만 운전이 종료된 지 수시간이 지난 시점에, 영장도 없이, 자고 있던 사람을 연행한 것은 적법한 법 집행으로 보기가 어려웠다. 그런 생각을 하면서도 하루가 멀다고 전화해서 사건 경과를 물어보며 힘들다고 토로하는 진정인이 답답하고 짜증나기도 했다. 100여건이 넘는 진정 사건이 캐비닛에 가득 쌓여 있었고 개인적으로 괴로운 일도 있어서 마음이 매우 심란한 때였다. 순간적으로 하지 말아야 할 말이 튀어나왔다. "그렇게 운전면허가 중요했다면 애초에 음주운전을 하지 말았어야죠." 말을 내뱉자마자 바로 후회했지만 이미 늦은 일이었다.

진정인이 버럭 화를 낼 줄 알았는데, 짧은 침묵 뒤에 울음 가득한 목소리로 말했다. "제가 다 못나서 그럽니다…" 진정인이 차라리 고함을 치며 사건 처리를 독촉하는 것이 낫지, 죄송하다며 울먹이는 상황은 훨씬 더 당혹스러운 일이었다. "죄송해요. 제가 말실수를 했습니다. 못나고 잘난 문제는 아니고, 사람들이 다 합리적인 행동을 하는 것도 아니고… 그러니까 뻔한 일로 사기도 당하고… 다 그러고 살잖아요." 미안하고 당혹스러운 마음을 모면해보려고 두서없이 교훈적인 이야기만 늘어놓았다.

그 일이 있고 얼마 지나 담당 경찰서에 전화를 걸어 상황을 파악했는데, 다행히 청문감사실에서도 체포 과정에 문제가 있었음을 인정했다. 진정인이 원하는 것이 경찰에 대한 징계가 아니고 어떻게든 운전만 다시 할 수 있게 해달라는 것이었으므로 가능한 방법을 찾아보겠다는 답변을 받았다. 그러나 한번 면허취소 처분이 내려진 이상 이를 되돌리는 절차가 쉬운 것은 아니었다. 면허취소 처분에 대한 이의신청 과정을 밟기 위해 처리해야 할 행정 절차가 많았다. 몇차례 진정인과 경찰서를 연결하면서 행정 처리를 돕는 사이 석달이 훌쩍 지나갔다. 면허취소 처분의 이의신청이 받아들여져 처분이 완화될 가능성이 크다는 정보를 담당 경찰을 통해 듣기도 했다.

이 과정을 진정인에게 더 잘 설명하고 희망을 주었어야 했는데, 나는 '지푸라기라도 잡는 심정'이란 말에 주의를 기울이지 못했다. 더 솔직히 말하면 주의를 기울이지 못한 것이 아니라 애써 외면했다. 조사 중에 많은 진정인이 비슷한 말을 한다. 인권위가 마지막 희망이다, 이제는 더이상 갈 곳이 없다, 여기서도 안 된다고 하면 그냥 죽어버리겠다 등등. 자신의 문제가 왜 인권침해이고 차별인지 따져 묻는 대신에 무작정 마음에 호소하는 것이다.

비슷한 말들을 자주 듣다보니 절박함을 헤아리기보다 늘 그러려니 했고, 때로는 협박처럼 느껴져 외면하고 싶었다. 그런 말들이 가슴에 깊이 박힌 날은 물에 빠져 허우적대는 꿈을 꾸기도 했다. 조사관이 절박한 삶을 다 해결해주리라 믿고 호소하는 말을 들을 때마다 돌멩이가 마음에 쌓이는 것 같았다. 돌아가신 그분이 내게 '지푸라기라도 잡는 심정'이란 말을 했을 때도 그런 마음이 들었다. 조사 지연 통보서를 보내 처리 지연에 따른 책임이나 면해보려는 사이, 고물 수집으로 하루를 살던 그분의 지푸라기 잡을 힘이 다 소진될 줄 상상하지 못했다.

설령 그분이 원하는 결과가 나오지 못하더라도 기다리는 동안 희망을 가질 수 있도록 위로의 말을 전했더라면 어땠을까? "많이 힘드시겠지만, 조금만 같이 기다려봐요. 운전면허 회복될 수 있도록 다들 노력하고 있으니까, 분명 좋은 소식이 있을 거예요"라고 말이다. 한 사람이 죽음을 결심하고 실행하기까지는 타인이 어떻게 해볼 수 없는 수많은 사연과 절망이 있을 것이다. 그렇다고 하더라도 인권위 조사관의 따뜻한 말 한마디가 절박한 누군가에게는 도움이 되었을지도 모른다. 지푸라기라도 잡는 심정의 누군가에게 필요한 것이 대단한 위로와 희망만은 아닐 테니까.

오래전 내게 조사를 받았던 젊은 경찰의 얼굴이 떠오른다. 그는 야간 당직 중에 20대 농인 청년을 조사하게 되었다. 청년은 작은 시비에 휘말려 조사를 받게 되었지만 형사 처분될 사안은 아니었기에 간단한 조사를 받은 후 귀가 조치되었다. 경찰서 CCTV에는 담당 경찰이 현관까지 나와 청년을 배웅하는 장면이 찍혀 있었다. 경찰은 손을 흔들고 청년은 고개를 숙여 인사하는 평범한 모습이었는데, 청년은 경찰서를 나오자마자 인근 공원으로 가서 극단적 선택을 했다.

조사 중에 강압이 있었는지, 장애인에 대한 편의 제공이 적정했는지 등 인권침해를 확인하는 과정에서 나는 담당 경찰을 두어번 만났다. 그도 위로가 필요한 사람이었을 텐데, 그때 나는 그를 단지 내 사건의 조사 대상자로만 생각해 사무적으로 대했다. 수취인 사망으로 반송된 우편을 받고서야 뒤늦게 그 경찰의 심정을 헤아려보게 되었다. 조사 결과 경찰 조사와 청년의 죽음은 연관이 없었으나 그도 나처럼 뒤늦은 후회로 괴로운 밤을 보내지 않았을까. 경찰서에서 석방된 새벽, 집으로 돌아갈 수 없었던 청년의 마음을 곱씹으며 청년이 보낸 절박한 신호를 자신이 놓쳤던 것은 아닌지, 영화를 거꾸로 돌리듯이 그 밤의 기억을 더듬고 더듬었을 것이다.

수취인 사망 우편을 붙잡고 통곡했던 이유를 이제야 조금 알 것 같다. 돌아가신 분에 대한 미안함에 기대 스스로를 위로하려는 눈물이 아니었을까. "일이 어려운 것이 아니라 사람이 어렵다." 조사관들이 자주 하는 푸념이다. 사건을 조사한다는 것은 사람을 만난다는 말의 다른 표현이기도 하다. 억울하지 않은 사람은 엇비슷한 이유로 억울하지 않지만, 억울한 사람들은 제각각의 이유로 모두 억울했다. 그들을 만나야 하는 두려움, 시시비비를 가려야 하는 고단함 속에 마음 없이 흔들리는 바람인형 같은 나를 보았던 것 같다. 바람인형이 하는 말이 절박한 누군가를 위로할 수는 없었다.

"괜찮으세요?" 책을 쓰고 있다는 이야기를 들었다며 동료가 책 제목으로 추천해주었다. 누군가 안부를 물어주는 것만으로도 위로를 받는 사람들이 있을 거라고 하면서. 동의를 구하는 말일 수도 있고, 미안함을 드러내기도 하고, 때로는 위로의 말이 되는 물음. 별거 아닌 말이지만 힘들 때 누군가 그렇게 물어주면 안심이 되는 말임은 분명하다.

아주 오래전 취업 면접 중에 울어버린 적이 있다. 당연히 면접은 떨어졌지만, 실컷 울고 나니 마음이 홀가분해졌다. 면접관이 벌벌 떨고 있는 나를 보며 괜찮다고, 걱정하지 말라고 했을 뿐인데, 그 말에 눈물이 터졌버렸다. 그때는 정말이지 매일같이 울고 싶던 날들이었는데, 그걸 알아봐준 누군가를 만난 기분이 들었던 것 같다. 나의 친애하는 진정인들뿐 아니라 비슷한 일을 하는 모든 이들에게 이 말로 안부를 전하고 싶다.

"당신, 괜찮으세요?"

그놈의 인권

    진정인 조사를 위해 교정 시설에 자주 간다. 교도소 정문에서 높은 담장으로 둘러싸인 수감자들의 '거주지'에 도착하기까지 까다로운 보안 절차를 거쳐야 한다. 현관에서 신분증 확인을 하고 소지품 검사를 거쳐 보안 철문을 지나면 보안과 건물 앞까지 작은 '광장'이 펼쳐진다. 광장은 언제나 너무 춥거나 너무 덥다. 개미 한마리 기어가는 모습까지 다 포착될 만큼 텅 비어 있다. 조사실 안내를 담당하는 보안과 직원은 늘 나보다 몇 걸음 앞서서 성큼성큼 걸어간다. 하루에도 수십번 그 공간을 오간다고 한다. 인권위 조사관을 가장 많이 부르는 곳 중 하나가 법으로 보장된 누군가의 권리를 무너뜨린 사람들이 갇힌 곳이라는 사실은 아이러니한 일이 아닐 수 없다. 교도관의 안내를 받으며 광장을 통과할 때마다 드는 생각이다.

외부인 중 교도소 내부로 들어가 수용자를 면담하고 시설 곳곳을 살펴볼 수 있는 권한이 있는 사람은 인권위 조사관뿐이다. 검사도 교정 시설에 대한 감찰 권한이 있지만, 결국 법무부 소속이기 때문에 실질적인 외부인이라고 하기는 어렵다. 인권위가 설립되기 전에는 구금 시설의 내부 사정이 밖으로 알려지는 일이 거의 불가능했다. 폐쇄적인 곳일수록 당연히 더 많은 인권 문제들이 발생한다. 교정 시설 역시 사람 사는 곳이라 밖에서 벌어지는 갖가지 일들이 안에서도 다 일어나지만, 양상은 훨씬 더 격렬하고 적나라할 수밖에 없다.

교정 시설의 인권이 점점 나아지고 있는 것은 분명하지만 여전히 국가가 정한 1인당 수용 면적인 2.58제곱미터(0.78평) 기준을 지키지 못한 채 재소자를 과밀 수용하고 있는 것이 현실이다. 어깨를 겹치지 않으면 다 같이 누울 수도 없는 좁은 공간에서 열명 가까운 사람들이 먹고, 자고, 용변을 보며 24시간 함께 생활하기도 한다. 교도소 인권이란 말은 거창하지만, 현실은 인간으로서 존엄을 유지하는 데 필요한 최저 기준을 보장하는 정도인 듯하다.

그러나 범죄 피의자의 인권 문제는 자칫 그들의 죄를 옹호하는 것처럼 비난받을 때가 있다. '남의 인권을 잔혹하게 짓밟은 자의 인권을 왜 보장해야 하는가? 그들은 더이상 인간이 아니다. 얼굴과 주소와 모든 사생활을 공개하자.' 강력범죄 피의자의 신상공개에 관한 찬반 논란이 갈수록 뜨거워지고 있다. 교도소 수용자를 외부로 호송할 때 얼굴이 노출되지 않도록 주의해야 한다는 인권위 권고에 비난이 쇄도했다.

끔찍한 살인 사건 피의자의 변호를 맡았던 변호사에게 '악마의 변호인'이라는 비난이 쏟아져 그의 모친까지 충격으로 쓰러지고 결국 변호인을 사임했다는 소식을 들었다. 그는 판사로 재임하던 2008년, 미국산 쇠고기 수입 반대 야간 집회를 주도한 혐의로 구속되었던 시민단체 활동가가 제기한 집회 및 시위에 관한 법률(집시법)의 '야간 집회 금지' 규정에 대한 위헌 신청을 받아들여 헌법재판소에 위헌 심판을 제청했다. 그는 살인 사건 변론과 관련한 한 신문사와의 인터뷰에서 이런 심경을 밝혔다. "나에게 두 사건은 똑같은 성질의 사건이다. 그때(촛불집회 때)는 집회·결사 자유를 보장한 헌법 21조를, 지금은 변호인에게 조력을 받을 권리를 보장한 헌법 12조를 지키려는 것이다. (…) 변호사라면 피고인이 어떤 상황에 놓여 있건 그 사람이 거짓말을 하지 않고 억울한 입장에 놓여 있다면 옆에 서줘야 한다. 하지만 난 내 의뢰인을 버리고 말았다."● 이 인터뷰를 읽으면서 한 사건을 떠올렸다.

강간죄로 구속되어 재판을 기다리던 진정인을 조사할 때였다. 구치소 조사실에서 그가 오기를 기다리는데 여러 마음이 교차했다. 그런 내 마음과 상관없이 조사실로 들어온 그는 의자에 앉기도 전에 얼굴을 내 쪽으로 바짝 들이밀더니 아랫입술을 뒤집어 상처 부위를 보여주며 물었다. "일부러 머리통을 땅바닥에 짓이겼다니까요! 입술 안쪽에 아직까지 피멍이 남아 있는 걸 좀 보십시오. 이거 과잉진압 맞죠?" 이미 체포된 지 몇주가 지난 시점이라 그가 설명하는 만큼 선명한 피멍이 보이지는 않았다. "제가 순순히 체포에 응했는데 순전히 고의로 이런 거라니까요. '미란다 고지' 같은 것도 없었다고요." 그는 인권위 조사관이 담당 경찰을 처벌할 권한이라도 있다고 믿는 것 같았다. 진정서에 이미 자세하게 언급했던 체포의 부당함에 대해 얼굴이 시뻘겋게 달아오를 정도로 언성을 높이며 되풀이하여 말했다.

● 「촛불판사」 불린 박재영 "고유정과 촛불, 내겐 똑같다"」, 「중앙일보」 2019. 8. 21.

그는 밤 근무를 마치고 새벽에 귀가하던 20대 여성을 강간한 혐의로 체포, 구속되었다. 이미 유사한 범죄로 수년간 징역을 살았고, 사건이 일어난 날은 그가 출소한 다음 날 새벽이었다. 구속 서류의 사건 개요를 읽던 나는 혹시 날짜라든가 사건 경위에 착오가 있는 것은 아닌지 의심했다. 읽고 있는 내용을 믿을 수 없어서였다. 강간죄로 징역을 살고 출소하자마자 같은 범죄를 저질렀다고? 야간 업무를 마치고 새벽에 귀가하던 앳된 얼굴의 여성의 모습이 상상되자 갑자기 현기증과 함께 구토가 치밀었다.

"이것이 인권침해 아닙니까?"라고 물어대는 그에게 한마디라도 해야 했지만, 어떤 말이든 입에서 나오는 즉시 후회하게 될 것 같았다. 어떻게도 조절할 수 없는 분노가 끓어올라 몸은 이미 부들부들 떨리기까지 했다. 나는 가능한 한 평정심을 찾기 위해 입을 다물고 입안 가득 고인 신 침을 애써 되삼켰다.

"왜 그러셨어요?"

결국 나도 모르게 한마디를 내뱉고 말았다. 인권침해 피해자 신분으로 인권위 조사관 앞에서 한껏 자신의 '고통'을 호소하던 그는 돌연 정색하며 자세를 고쳐 앉았다. "인권위 조사관은 피의자 편에서 조사해야 하는 것 아닙니까?" 그는 인권위가 무엇을 하는 곳인지 잘 알고 있었다. 인권위 조사관은 피의자 인권을 위해서도 일하는 사람들이며, 아무리 나쁜 범죄자라도 절차에 따라 적법하게 체포되고 수사와 재판을 받을 권리가 있음을 아는 사람들이다. 또한 그가 강간범이라 하더라도 과잉진압으로 상해를 당하지 않을 권리가 그에게 있다고 말해야 하는 사람들이다. '인권에 대해 그렇게 잘 알면서 왜 그러셨어요?' 하나마나 한 질문이 다시 튀어나올 것 같았다. 이후에 조사를 어떻게 마무리했는지 잘 기억이 나지 않을 정도로 그가 주장하는 목격자와 증거들을 문답서에 기계적으로 받아 적고 날인을 받아 조사를 마무리했다.

그를 체포한 경찰에게 인권위법 절차에 따른 진술서를 요구했을 때, 나는 또다른 질문 앞에 서야 했다. "여자 조사관이시니까 더 잘 아실 텐데… 그놈이 어떤 놈인 줄 아시지 않습니까? 저희가 고의로 과잉진압했다면 그놈은 뼈도 못 추렸을 겁니다." 강간 피해자를 병원으로 호송했던 담당 경찰들이 느꼈을 혐오는 내가 느꼈을 혐오에 비견할 수 없을 거라는 생각이 들면서 조사를 더 이끌어갈 의욕도 용기도 나지 않았다. 내 심리 상태를 솔직히 고백하고 과장의 재가를 받아 사건을 다른 조사관에게 넘겼다.

'아무리 악랄한 범죄자라도 변호사를 선임할 권리가 있고 적법한 절차에 의해 재판받을 권리가 있다.' 언제부턴가 이 문장 앞에서 자신이 없어진다. 그날 강간 피의자를 향한 분노와 혐오로 부들부들 떨었던 내 모습이 떠오른다.

머릿속에서 그려지는 인권의 피해자들은 약하고 보호받아야 할 무해한 존재이며, 선량한 시민이거나 무고한 희생자, 억울한 피해자였지만, 현실에서 만난 이들이 늘 그런 것은 아니었다. 그들은 때때로 악랄하고 위선적이고 탐욕스러운 존재에 가까웠다. 그때마다 나는 놀라고 당황하며, 인권을 보호한다는 것에 대한 깊은 회의감에 빠지곤 한다. 인권을 머리로만 이해하는 사람의 한계일 수도 있고 실제로 인권의 이념과 현실 사이에 까마득한 골짜기가 생긴 탓인지도 모르겠다. 최근 들어 그 골짜기는 더 깊게만 느껴진다. 골짜기 위를 날아다니는 까마귀처럼 관조하듯 세상을 내려다보는 느낌이 들 때가 있음을 고백한다.

무덤 옆에 텐트를 치고

　헌법재판소나 감사원과 같은 헌법기관이 아닌 이상 대한민국의 모든 국가기관은 입법부, 사법부, 행정부 중 한곳에 소속되어 있다. 국가인권위원회만 제외하고는 말이다. 감시받지 않는 모든 권력은 부패한다는 말이 있다. 이러한 철학에 바탕을 둔 제도가 삼권분립이라는 것은 초등학생 때부터 배우지만 삼권분립의 안전장치가 작동하지 않는 상황에 대해서는 학교에서 제대로 가르쳐주지 않았던 것 같다. 서로 감시하고 견제해야 할 권력기관들이 권력 남용에 보란 듯이 힘을 합치고 모른 체하면서 수많은 인권침해 사건들이 벌어져왔다.

　이와 같은 인권침해 문제를 조금 더 예방하고 감시할 수는 없을까? 이 어렵고 어마어마한 과제를 위해 민주주의 국가들은 다양한 법과 제도를 창안해냈는데, 그중 하나가 인권위 같은 기구를 마련하는 것이었다. 세 부 어디에도 소속되지 않으면서 이들 기관을 감시하고 교육하며 인권침해와 차별을 예방하는 전담 국가기구가 탄생하게 된 것이다.

자신의 일을 축구만큼 사랑하는 한 조사관은 인권위가 미드필더가 되어야 한다고 강조하곤 했다. 나는 축구는 잘 모르지만 인권위를 미드필더에 비유하는 것은 꽤 그럴듯하다고 생각한다. 미드필더가 경기장 중간에서 수비와 공격을 연결해주는 것처럼 인권위는 국가기관과 시민사회를 연결해 인권침해를 예방하는 역할을 해야 한다. 미드필더가 축구장 곳곳을 마음껏 누벼야 멋진 플레이를 할 수 있는 것처럼 인권위 역시 어디에도 매이지 않는 것을 생명으로 여기며 막힘없이 달려야 한다. 미드필더 비유는 '독립성'이라는 거창한 말보다 훨씬 이해하기 쉽게 들리고, 초록의 드넓은 축구장을 거침없이 뛰어다니는 조사관들이 상상되어 참 좋다.

인권위가 모든 권력으로부터 독립되어 미드필더처럼 뛰어다니다가 혹시 스스로 권력화되지는 않을까? 이런 부작용의 예방책으로 인권위는 법원이나 수사기관 같은 법적 강제력 있는 결정 대신 '권고'의 권한만을 가지고 있다. 어차피 인권이란 법과 제도 이전에 마음이 하는 일이기도 하기에 충분한 노력과 설득의 과정이 반드시 필요하고, 그러기 위해서도 강제적 결정보다 권고를 하는 것이 맞다고 나는 생각한다. 법적 강제력 있는 결정을 포클레인에 비유한다면 권고는 나무 자루가 달린 작은 삽이다. 포클레인으로 한시간이면 끝낼 일을 삽으로 몇날 며칠 걸려 퍼내는 셈이다. '삽질'하기 같은 인권위의 일은 그래서 함께 해야 하는 일이기도 하다. 우리에게는 포클레인 같은 힘은 없지만 여럿이, 천천히, 꾸준히, 한삽씩 뜨는 진정성이 있고, 그 힘으로 길도 뚫고 산도 옮길 수 있다고 감히 믿는다. 고속도로를 두고 국도로 돌아가는 형국이지만, 이런 느림과 비효율은 인권의 가치를 실현하는 데 불가피한 시간과 비용일 수 있다.

우리가 믿고 의지하는 법과 제도는 우리의 기대보다 훨씬 더 무능할 때가 많다. 이미 수천개의 법률이 있고, 앞으로 수천개의 법률을 더 만든다고 해도 법의 무능함을 완전히 해결하기는 쉽지 않아 보인다. 법이란 고기잡이 그물 같아서 아무리 정교하게 만든다고 해도 빠져나갈 구멍이 반드시 생긴다. 구멍이 없다면 그것은 더이상 그물이 아니기도 할 테다. 그래서 더더욱 마음이 없는 법의 무능을 메꿀 수 있는 것은 마음이 아닐까 싶다. 모든 일이 법과 제도를 잘 만드는 것만큼이나 누가 어떤 마음으로 그 일을 해내느냐가 중요하다. 그리고 인권을 위한 일이라면 더욱이 그래야 한다고 생각한다. 그 마음은 서로를 '조금 슬프고 귀여운 작은 존재'로 응시하는 것이고, 그것을 나는 '인권의 마음'이라 부르고 싶다. 그 마음이야말로 법의 그물이 구제하지 못하는 억울함이 기댈 곳인 것 같다.

그 마음을 늘 동료들로부터 배운다. 아니 정확히 말하면, 동료들과 함께하는 시간을 통해 키운다. 야근으로 지친 몸을 달래주던 밥과 술, 폭설과 폭우와 폭염을 뚫고 다녔던 산행의 시간들, 노래하고, 악기와 춤을 배웠던 시간들. 점심시간을 쪼개서 했던 독서와 연구모임은 또 얼마나 많았던가. 조사국 안팎에서 동료들과 함께한 그 많은 시간 덕분에 달릴 힘을 얻고 인권으로 밥벌이하는 사람에게 필요한 그 어떤 마음을 조금 더 따뜻하게 데우려고 노력할 수 있었다. 내가 만난 동료들은 대부분 열정적이고 따뜻했지만 유독 기억에 남는 동료가 있다.

"이제부터 운수가 확 피네, 펴."

조사관들의 손금을 봐주는 그의 레퍼토리는 뻔하다. 초반운보다 지금이, 지금보다 말년이 더 좋단다. 20년 동안 여름 빼고 늘 입고 다니는 그의 청회색 트렌치코트만큼이나 오래되고 뻔한 사주풀이지만 듣다보면 이상하게 솔깃해진다. 어수룩해 보이는 외모에 반전을 더하는 그의 유려한 입담이나 유명 대학 철학과 출신이라는 학력 차별적 고정관념과는 상관없이, 그가 진짜 철학자처럼 보일 때가 있다.

그는 인권위로 오기 전, 과거 독재정권 시절에 일어났던 의문사와 실종 사건을 규명하는 위원회에서 조사관으로 근무했다. 조사 시작 시점으로부터 수십년 전에 벌어진 과거사 사건들은 고의적인 증거조작에 더하여 중요 목격자가 사망하거나 그나마 남은 자료마저 방치되다가 손실된 경우가 대다수다. 그렇기에 진실에 대한 확고한 믿음과 무한한 상상력, 조사관의 곡진한 성실함 없이는 조사의 시작조차 불가능하다. 제아무리 유능한 조사관이라 해도 이런 사건들 앞에서는 폭우가 쏟아지는 한밤중에 혼자 산길을 헤매는 것 같은 기분이 들 수밖에 없다. 그 역시 그런 심정이었겠지만 그는 좌절하거나 포기하지 않았다. 대신 그다운 엉뚱한 발상으로 돌파구를 찾아 나섰다.

20년 전 의문사를 당한 청년의 사망 원인을 규명하던 때였다. 실낱같았을 가능성을 찾아 전국을 돌아다녔지만, 사망 원인의 단서는 나오지 않았다. 어느 날 그는 텐트와 간단한 야영 도구를 꾸려 피해자의 무덤을 찾아갔다. "해볼 수 있는 조사는

다 해봤는데 실마리가 나타나지 않았어. 혹시나 하는 마음에, 무작정 텐트를 싸 들고 무덤을 찾아갔지." 막상 무덤 앞에 도착했을 때, 다른 무엇보다 텐트를 무덤의 어느 방향으로 위치시키느냐가 가장 어려운 결정이었다고 했다. "혹시 진짜 영혼이 있다면 텐트를 찾기 쉬운 곳에 쳐야 꿈에라도 나타나 죽음의 이유를 암시해줄 것 같았거든." 텐트 자리를 동서남북으로 옮겨가며 며칠 밤을 보냈지만 결국 아무것도 나타나지 않았는데, 그는 아무래도 자신의 정성이 부족했던 것 같다며 스스로를 탓했다.

마치 진짜 귀신이라도 기다린 사람처럼 이야기를 풀어냈지만, 사실은 꽉 막힌 조사의 돌파구를 찾아 며칠 밤을 생각하고 생각했다는 것을 알기에 한참 웃으며 듣다가 일순간 마음이 먹먹해졌다. 무덤 옆에서 밤을 지새우는 일이 조사에 별 도움이 될 리는 없다 해도 애끓는 유가족에게는 작지 않은 위로가 되지 않았을까? 유가족의 고통에 동참하려는 진심이, 죽음의 진실을 알고자 하는 간절함이 깃든 고군분투가 아닐 수 없다.

그의 이런 태도는 인권위의 중요 사건마다 별처럼 빛났다. 군에서 아들을 잃은 아버지가 군 조사의 의문점들을 들고 인권위를 찾아왔다. 사건을 직접 재현해보지 않고서는 유가족의 의

문점이 해소될 수 없다고 판단한 그는 과학적(?) 추론 끝에 시장에 가서 적당한 크기의 돼지머리를 주문했다. 무슨 고사라도 지내려는가 싶었는데 돼지머리를 이용해 총기 사고 현장을 재현하려는 것이었다. 전문가들의 의견만으로는 사고의 원인을 받아들이지 못했던 유가족은 돼지머리를 놓고 상황을 재현하는 걸 눈으로 직접 확인한 후에야 어렵게 결과를 수용했다. 그가 이런 제안을 했을 때 뻔한 결과에 뭘 그렇게까지 애를 쓰냐는 지적과 우스꽝스러워 보인다는 불평이 왜 없었겠는가? 군에서 아들을 잃은 유가족에게 모든 사실을 최대한 설명하는 것이 국가의 의무라는 그의 확고한 믿음 앞에서 그런 지적들은 힘을 잃었다.

　나는 운 좋게도 그와 함께 여러 조사를 다녔다. 언젠가 지방검찰청 현장조사를 갔을 때 검사장 방에서 차를 한잔 대접받게 되었다. 형식적인 '손님' 응대에 불과한 것을 아는지라 빨리 마시고 일어서려던 참인데 능청스러운 목소리의 질문이 날아왔다. "아, 그런데 조사관님들은 직급이 어떻게 되시나요?" 인권침해 사건을 조사하러 온 인권위 조사관들에게 물어보고 싶은 것이 고작 직급이란 말인가. 무례한 질문이었다. "공무원의 직급은 있지만 조사관으로서의 직급은 없습니다"라는, 비슷한 질문을 받으면 늘 하는 답을 말하려는 순간 녹차를 숭늉처럼 들이켠 그가 순수(?)하게 대답했다. "아, 검사장님, 그러니까 제가, 계약 5호입니다." (당시 그는 계약직으로 근무 중이었다.) 그냥 "5급입니다" 정도로 해도 될 것을 계약 5호라니. 직급 따위로 밀릴 거 같으면 달랑 조사관 둘이서 검찰청으로 현장조사를 왔겠습니까, 하는 눈빛이었다. 은근히 직급을 물으며 위계를 세워보려던 검사장의 동공이 듣도 보도 못한 '계약 5호'라는 대답 앞에서 지진이 일어난 듯 흔들렸다. 나는 미소를 머금은 채 남은 녹차를 천천히, 천천히 음미했다. 녹차향이 그렇게 은은할 줄이야.

지금은 사라진 군 영창 시설을 그와 함께 방문조사할 때였다. 시설 점검 중에 화장실 변기 속이 암모니아로 누렇게 오염된 것을 본 그가 청소 상태를 지적했다. 군 관계자는 겸연쩍은 얼굴로 젊은 병사들이 쓰는 거라 아무리 청소해도 어쩔 수 없는 부분이 있다고 설명했다. 나는 군 쪽의 설명을 들으며 그럴 수도 있겠지 하고 있었는데, 그가 트렌치코트 자락을 휘날리며 어디서 찾았는지 수세미와 가루비누를 들고 왔다. 그리고 설마 하는 생각이 들기도 전에 곧바로 변기 옆에 쭈그리고 앉더니, 수세미에 비누를 듬뿍 묻혀 맨손으로 변기 속을 싹싹 닦기 시작했다. 그가 변기 청소에 몰입하는 동안 오로지 수세미와 흰 도

기가 만들어내는 쓱쓱 싹싹 마찰음만이 군 영창 내부의 정적을 경쾌하게 깨뜨렸다. 열심히 청소했지만 닦이지 않았다는 군 관계자의 설명과 다르게 그의 날쌘 손놀림에 변기 속이 새하얗게 빛나기 시작했다.

변기 청소를 끝낸 그가 마침내 흐뭇한 미소를 띠며 말했다. "이것 보세요. 금방 이렇게 깨끗이 닦입니다. 위생 관리도 인권이죠. 좀 신경 써봅시다." 군 관계자는 당황해서, 나와 다른 조사관들은 웃음을 참느라 얼굴이 벌게졌다. 그렇다. 그가 진짜 철학자처럼 보일 때는 장난삼아 손금이나 봐주며 입담을 자랑할 때가 아니라 그가 가진 조사관으로서의 성실함을 확인할 때였다. 인권위의 살아 있는 전설이 되어가는 그를 볼 때마다 성실함과 진정성이야말로 조사하는 사람이 지녀야 할 최고의 미덕임을 되새기게 된다.

어느덧 20년의 세월이 지나 믿고 따랐던 선배 조사관들이 한두명씩 정년을 맞고, 몸이 아픈 동료들도 늘어가고 있다. 스무해 전, 머리 위로 안경을 올려 쓴 선배들을 보면서 "왜 저래?"를 연발하던 이들도 어느새 노안을 불평하는 나이가 되어 머리 위로 안경을 올려 쓰고 조사 보고서를 읽고 있다. 그 모습이 귀엽기도 하고 조금 슬퍼 보이기도 한다. 선배들의 빈자리는 점점 더 커지고, 그 빈자리에는 후배들에게 혹여 짐이 되는 것은 아닐까 하는 불안이 자리잡는다.

그래서인지 요즘 일터에서 제일 어려운 사람은 인권위원도, 국장이나 과장도 아닌 한참 나이 어린 후배들이다. 나이만 먹고 무능한 사람으로 비칠까, 사회생활 오래 한 게 무슨 자랑이냐는 소리를 들을까 불안하고 겁이 난다. 후배들 앞에서는 뒤꿈치를 들고 살금살금 걷고, 목소리도 소곤소곤 낮추게 된다. 눈이 마주치면 첫사랑 만난 듯 배시시 웃는다. 친한 동료들은 이런 나를 가식적이라고 놀리지만 어쩔 수 없다. 나는 인권위 인사권자보다 후배 직원들한테 더 잘 보이고 싶으니까. 가끔, 조심스럽게, 신입 직원들에게 메시지를 보낸다. "우리 밥 한번 같이 먹을까요?" 그러면 금세 발랄한 답장이 돌아온다. 후배들이 어렵다는 것은 그저 당신의 핑계고 그냥 무심했던 거라고 알려주는 것만 같다. 여러 배경을 가진 다양한 사람들이 한 공간에 어울려 인권을 위해 일하고, 때때로 다정다감한 마음을 나눈다는 사실이 기적처럼 느껴진다.

얼마 전 은퇴한 K는 노동운동하던 시절 근거지였던 소도시의 시장 골목으로 돌아갔다. 평소 그가 말해왔던 대로 재래시장 한 모퉁이, 베트남 쌀국수집이던 조그만 점포를 세 얻어 '모모'라는 이름의 이주 노동자를 위한 법률 센터를 열었다. 우리는 '모모는 철부지'라는 가사가 나오는 옛 노래를 부르며 진심으로 그에게 박수를 보냈다. 노동운동을 했고, 뒤늦은 법률 공부로 변호사가 되었으나 법정 대신 인권위를 선택했던 그다운 은퇴 설계가 아닐 수 없다.

진단 반 농담 반, 동료들에게 은퇴 후 나의 꿈을 넌지시 이야기해본다. 은퇴한 조사관들을 모아 '정의구현 행정단'이란 이름의 NGO를 만들어 활약해보자는 꿈. 다른 건 몰라도 공무원 경험을 살려 행정 분야에 필요한 인권 활동을 찾아보자고, 대단한 것 아니라 '놀멍쉬멍' 할 수 있는 즐거운 인권운동이 될 거라고, 은퇴한 인권위 미드필더로서 광장의 목마른 사람들에게 시원한 물 한잔 나누는 일을 해보자고. 멀고도 가까운 그날을 위해 동료들의 옆구리를 벌써부터 쿡쿡 찔러보는 것이다. 단체명을 듣자마자 촌스럽다고 웃다가도 내 이야기를 경청하고 금세 "괜찮은데?" 하며 솔깃해하는 나의 친애하는 동료들이 있어 꿀 수 있는 꿈이다. 혼자 꾸는 꿈이 아니라 여럿이 함께 꾸는 꿈이다.

친절한 조사관의 아슬아슬 줄타기

여름옷을 정리하다가 뜬금없이 단골 진정인 한분이 떠올랐다. 염천에 두꺼운 옷을 입고 다니는 그를 볼 때마다 너무 더워 보였다. 아름다운가게로 보내려고 분류해놓은 여름옷 몇벌을 그에게 가져다줄까 생각하다가 금세 마음을 접는다. 그걸 계기로 계속 부탁을 받게 되면 어쩌나 걱정이 앞서서였다. 막상 옷을 주었다가 거절당할 수도 있다. 그가 옷을 거절하면 참 못되게도 별꼴을 다 본다는 생각을 하게 될 것 같았다.

그런데 하필이면 월요일에 출근하면서 그 '고객'을 만났다. "잘 지내는교? 선생님, 요즘 잘 안 보이시던데 무슨 일 있었는교?" 그가 마치 오래된 동료인 듯 내게 인사를 건넸다. 코로나

19가 시작되면서 유연 근무를 자주 했더니 그분의 '출근 시간'에 내가 보이지 않았던 모양이다. 그걸 알아보고 반갑게 인사를 건네는데 조금 당황스러웠다. "네네, 그렇게 되었습니다"라고 건성으로 말하고 재빨리 엘리베이터에 올라탔다. 잠깐 봤지만 몇달 사이에 그가 들고 다니는 짐이 꽤 많이 늘어나 보였다. 양손과 어깨에 때 묻은 가방들이 주렁주렁 매달려 있었다.

그는 안면이 있는 조사관을 보면 담배를 빌려달라고 했다. 담배를 달라고 하지 않고 꼭 빌려달라고 한다. 담배를 갚을 것 같지는 않지만, 그에게 담배 서너개비를 빌려주는 조사관들은 꼭 있다. 그가 지갑을 놓고 왔다면서 밥 한끼 정도의 돈을 빌려달라고 할 때, 밥 대신 술을 살 것을 걱정하면서도 밥값을 빌려주는 조사관도 있다. 나와 친한 J가 담배나 밥값을 곧잘 빌려주기 때문에 그가 내 얼굴까지 기억하게 되었던 것 같다.

조사관마다 '고객'을 대하는 태도는 조금씩 다르다. 사무적인 대우 이상의 환대가 그분들에게(물론 조사관의 업무에도) 도움이 안 되므로 엄격한 거리두기가 필요하다고 생각하는 부류가 있고, J처럼 마음을 더 쓰는 사람들도 있다. 나는 대체로 그 중간에서 아슬아슬하게 줄타기를 하는 부류인 듯하다.

출장을 나오면서 사무실 전화를 핸드폰으로 착신해놓은 날이었다. 출장지에 도착해 커피를 마시고 있는데 전화가 왔다. "조사관님, 나 기억하죠?" 상대는 전화를 받자마자 다짜고짜 자신을 기억하느냐고 물었다. 콧소리가 많이 섞인 높은 톤의 목소리와 스스럼없는 말투가 어디서 들은 듯했다. 머리를 한껏 굴려 상대방이 누군지 떠올려보는 사이, 실망 섞인 목소리로 상대방이 말했다 "어머, 나 기억 못하나봐? 저요, 진정인 ○○○이잖아요?" 이름을 듣자마자 얼굴이 떠올랐다. 단골 고객인 그녀의 목소리를 부서가 바뀌고 나서 잊고 있었다. 한동안 사건 접수를 가장 많이 한 진정인 순위의 앞자리를 놓치지 않았던 이였는데, 최근에는 소식이 뜸하다는 이야기를 들은 기억이 났다. 그녀가 낸 진정을 여러번 각하했다가 '악독한 년'이라는 욕을 참 많이도 먹었다.

그런데 왜 몇년 만에 갑자기 전화를? 오래전 각하했던 사건으로 나를 고소하려는 건가? 정보공개 신청을 하려나? 경계심을 들키지 않으려고 반가움을 가득 실은 목소리로 아는 척을 했다. "어머나, 기억나죠. 당연히. 한동안 안 보이시던데 무슨 일 있으셨어요? 요즘도 K시에 사시죠?" 단골이 안 보이면 안부가 궁금하기도 하다. 특히 약간의 망상장애나 알코올성 치매가 의심되던 진정인이 언제부턴가 보이지 않으면 정신병원에 강제

입원되었거나, 벌금 미납 등으로 구금되어 있을 확률이 높다. 그녀도 그랬던 모양이다. 병원에 입원해 있는 동안 후회를 많이 했다며 내게 이런저런 안부를 물었다.

옆에서 전화 통화를 듣고 있던 회의 참석자가 인권위 조사관은 진정인 대하는 것도 남다르다고 추켜세웠다. 대화가 다정하게 들렸나보다. 어쩐지 나는 조금 부끄러워졌다. 겉으로 보이는 것과 다르게 속마음은 하나도 다정하지 않았다. 혹시나 통화를 녹음하고 있을까 걱정하며 경계했고 불편한 마음을 감추려던 탓에 손바닥이 땀으로 흥건해져 있었다.

진정인을 대할 때마다 공중 외줄타기를 하는 것 같은 느낌이 들 때가 있다. 불편한 마음을 드러내지 않는 것이야 사회생활의 기본기라 쳐도 이제는 마음에 없는 상냥함을 과장하는 것까지 어느새 기본기가 되어가는 것 같다. 줄타기 기술이 갈수록 정교해져서 공중제비 묘기까지 가능할 판이다.

이기호의 소설집 『누구에게나 친절한 교회 오빠 강민호』문학동네 2018에는 누구에게나 친절하지만 정작 아무에게도 친절하지 않은 사람들이 여럿 등장한다. 이기호는 한 인터뷰에서 조심스럽게 이런 말을 했다. "'강민호'는 자신이 무슨 짓을 저질렀고, 또 무슨 말을 했는지, 제대로 기억하지 못하는 사람이 맞습니다. '누구에게나 친절한' 사람인 것 같지만, 그래서 조금 위험한 인물이기도 하지요. 타인을 자신과 '동일화'시켜서 보는 사람의 전형이에요. 그 말은, '누구에게나 친절한' 것 같지만, 실은 '자신'에게만 친절한 사람이라는 뜻이기도 합니다. 이런 '친절한' 사람들의 정서는 대부분 오래가지 않고 일시적으로 끝나고 말죠." 그리고 그는 덧붙이기를 "제 소설 속 인물들이 나름 윤리적이면서도 '부끄러움'이나 '죄의식'에 빠지는 이유도, 그 '윤리'가 교육받고 어느 정도 '뻔한' 상태에서만 진행된다는 거, 거기에서 오는 부끄러움인 거 같습니다. '뻔한' 게 제일 싫은데, 제 모습에서도 자꾸 그걸 느끼게 됩니다."[*] 이기호의 인터뷰를 읽으며, 적어도 내가 부끄러움을 알아차렸다는 점에서는 다행이라는 생각이 들었다. 사실은 자신에게만 친절한 사람이 나쁜만은 아니라는 데서 이상한 위로를 받았다는 점도 고백해야 할 것 같다.

이기호 작가가 소설을 읽고 쓰며 윤리를 의심하기 시작했다면, 나는 진정인들과 줄타기하면서 나를 의심하는 중이다. 그리고 의심스러운 줄타기일망정 떨어지지 않기 위해 애쓰고 있

---

[*] 「이기호 "당신의 환대는 누구를 위한 것인가요?"」 『채널예스』 2018. 6. 19.

는 중이기도 하다. 아주 옅은 농도의 다정함이나마 꽉 붙잡고 떨어지지 않으려고 한다.

누가 더 악당인가

　무조건 소리부터 지르는 진정인을 만나면 덩달아 화가 나고 100미터 달리기를 한 것처럼 심장박동 수가 급증한다.

　"선생님, 저도 이제 나이를 먹을 만큼 먹었고, 누가 반말을 하면 기분이 많이 안 좋습니다. 계속 반말하시면 전화를 끊겠습니다."

　며칠 동안 아침 9시가 되자마자 전화를 걸어 같은 말을 반복하며 소리를 지르는 진정인에게 기어이 정색하고 말았다. 조사관이 이렇게 나오면 보통 상대방은 약간은 주저하기 마련인데, 이분은 물러서기는커녕 더 크게 화를 냈다. "너 지금 나이 먹었다고 했냐? 나 이제 여든아홉이다. 너는 몇살인데?" 상대방이 여든아홉이란 말에 바로 기가 죽는다. "여, 여든아홉이시라고요? 연세가 참 많으신데… 그, 그러시면 그냥 반말은 계속하세요. 대신 목소리만 조금 낮춰주시면 안 될까요? 귀가 떨어져 나갈 것 같아서…" "너 지금 뭐라고 했냐?" "…" 말끝마다 '너 지금 뭐라고 했냐'라고 했던 것이 혹시 청력 문제 때문일 수 있겠다는 생각이 들어서 어르신처럼 목청을 높였더니 의외로 대화가 잘 통(?)했다.

옆에서 듣고 있던 동료가 인내심이 대단하다며 '엄지 척'을 보냈다. 인내심이 좋은 것이 아니라 약간의 동병상련의 마음이 생겨 상냥한 척했다는 말은 하지 않았다. 그 무렵 오랜만에 프랜차이즈 햄버거 가게에 갔다가 키오스크 앞에서 망신을 당한 일이 있었다. 낯선 햄버거 메뉴와 음료를 겨우 선택하고 결제 단계에 도달했는데, 갑자기 "카드로 하시겠습니까? 현금으로 하시겠습니까?"라는 음성이 튀어나왔다. 음성으로 물어보니 음성으로 답하면 된다고 생각하고(이것이 자연스러운 반응 아닌가?) 화면에 대고 큰 소리로 "카드"라고 답했다. 반응이 없어 두 번 더 "카드" "카아드" 하고 외쳤더랬다. 내 꼴을 보고 있던 아르바이트생이 계산대 안쪽에서 황급히 뛰어와 신용카드를 낚아채 그 빌어먹을 기계에 투입했다. 그날 이후 나는 키오스크만 만나면 째려보게 되었다. 무작정 소리부터 지르던 노인도 혹시 내가 키오스크처럼 느껴졌던 것이 아닐까? 뭘 좀 물어보면 알아들을 수 없는 법률용어를 쓰면서 이것저것 써내라고 하는데, 눈은 어둡고, 소리는 안 들리고, 조사관의 로봇 같은 태도에 무시를 당하는 기분이 드니 소리부터 지르고 보는 것일지도 모르겠다. 그렇다고 소리를 지르고 무례하게 굴 권리는 없지만.

사실 여든아홉 노인의 무례 정도는 그러려니 하고 보아 넘기게 되는 내공 아닌 내공을 쌓게 된 데는 가끔 있는 진짜 분노 유발 진정인의 공이 크다. 언젠가 무슨 대단한 협회에서 대단한 법률 자문을 한다는 변호사의 진정 사건을 조사한 적이 있다. 아들이 불법체포를 당했다는 내용이었는데, 현장 CCTV나 목격자들의 진술 등을 꼼꼼히 조사했지만 도저히 불법체포라고 보기 어려웠다. 첫 대면에 나를 빤히 쳐다보면서 변호사가 아닌 분이 조사 업무를 하는 것이 '대단하다'고 추켜세우고 은근히 자신의 직업적 지위를 강조하던 순간부터 조짐이 좋지 않았다. 굳이 피해자 조사를 자신의 사무실에서 해달라고 하며 강남의 럭셔리한 변호사 사무실을 구경시켜주었다.

그가 대단한 분인 것과는 별개로 진정 내용은 인권침해가 아닌 것으로 결정되었다. 그는 위원회의 결정 이유를 제대로 듣기도 전에 편파 조사라며 언성을 높였다. 조사 결과를 뒷받침하는 직접증거와 자료들을 설명하자 그가 점잖은 말투로 나에게 훈계했다. "내가 경찰을 직접 고소하지 못해서 일개 조사관에게 일을 맡긴 줄 아십니까? 처음부터 자신 없었으면 시작도 하지 말았어야지. 당신 같은 조사관 한명쯤은 수사기관과 법원으로 얼마든지 끌려다니게 할 수 있다는 걸 아셔야지요. 어디 누가 이기나 봅시다!" 그러고는 전화를 딱 끊더니, 바로 과장에게 전화를 걸어 조사관 관리 제대로 하라고 큰소리를 치는 것이 아닌가?

공무원들은 고소당하는 것을 끔찍이 싫어한다. 잘못한 것이 없어도 그렇다. 어느 정도 사회적 지위가 있는 중견 변호사로부터 고소를 당한다면 결백함과는 무관하게 수사기관과 법원에 불려다니며 꽤 힘든 시간을 보내야 할 것이 분명했다. 내일모레 구십 되는 노인의 무례함은 귀를 따갑게 하고 기분을 상하게 할 뿐이지만 자신의 권력과 인맥을 과시하는 부류의 무례함은 조사관의 소신을 위축시키고 심장 약한 조사관의 밤잠을 빼앗을 수도 있다.

과장과 통화를 마치기를 기다렸다가 조용히 숨을 가다듬고 남자에게 전화를 걸었다. 목소리가 떨리는 것을 들키지 않으려고 한마디씩 끊으며 천천히 말했다. 조사관을 고소하는 것은 변호사님의 권리이니 마음대로 하시라. 그러나 나는 고소당하는 것이 진짜 무섭다. 그리고 선생님처럼 힘 있는 분이 나를 고소한다니 걱정이 되고 잠도 안 오고 밥도 안 넘어갈 것 같다. 그러나 이런 식으로 상대를 무섭게 하는 행위가 협박죄에 해당한다는 것쯤은 변호사니까 더 잘 아실 것 같아 설명하지는 않겠다. 이렇게 말하고 전화를 끊었다. 차분하게 말했지만 떨리는 마음이 도대체 가라앉지 않았다. 그렇게 5분쯤 지났을까? 변호사로부터 다시 전화가 왔다. 생각해보니 아들 일이라 너무 흥분했던 것 같다며 미안하다고 했다. 나는 알겠다고 말했지만, 그가 진짜 미안해서 사과한다고는 생각하지 않았다. 그도 독립기구 인권위의 조사관을 협박한 죄로 고소당하면 힘들 수 있다는 것을 깨달았을 뿐일 것이다. 옆에서 듣던 과장이 '엄지 척'을 보냈다. 반말하는 노인과 대단한 변호사 중 누가 더 '악당'인가? 나는 진짜 악당하고만 싸우고 싶다.

'인권 지킴이'와 '인권 찍힘이' 사이에서

인권위 조사관들은 다양한 집회 시위 현장에서 '인권 지킴이'로 활동한다. 시민들의 정당한 집회 시위의 자유를 보장하기 위하여 경찰의 과잉진압이나 부당한 연행, 불심검문, 채증 등을 예방하고 감시하는 것이 목적이다. 지킴이 활동을 하러 현장에 나갈 때 조사관은 등에 '국가인권위원회'라는 큼직한 흰 글자가 새겨진 하늘색 조끼를 입는다. 인권 지킴이의 공식 복장인 이 옷은 폴리에스테르 재질의 저렴한 레저용 조끼와 다를 것이 없지만, 판검사의 법복이나 의사의 흰 가운처럼 인권 지킴이의 소명과 책임을 상징하는 옷이라 할 수 있다. 이 옷을 입고 현장에 머무는 동안에는 적어도 마음만은 '원더우먼'이나 '슈퍼

맨' 같은 자세가 요구된다. '어디선가, 누군가에, 무슨 일이 생기면' 무조건 달려가는 기운 센 존재. 적어도 집회 시위 현장에서 시민들이 인권 지킴이에게 기대하는 바는 그런 것이다.

그러나 인권 지킴이는 당연히 '어벤져스' 같은 해결사는 되지 못한다. 당장 물대포 사용을 중지시키거나 차벽을 세우고 인도를 막아선 경찰들을 즉시 철수시키지 못한다. 철거 현장의 용역들을, 포클레인을, 덤프트럭을 막아서지도 못한다. 시위대와 경찰 사이에 어중간히 끼어서 주의를 촉구하며 증거 사진을 찍거나 고작 플라스틱 호루라기를 불어댈 뿐이다. "이럴 거면 왜 왔냐!" 하는 항의가 빗발쳐도 감시와 모니터링이 목적인 인권 지킴이들이 경찰의 법 집행을 즉시 중지시킬 권한은 없다. 잠깐 쉬거나 그늘에 앉아 있는 인권 지킴이 사진이 '주저앉은 인권위' '뒷짐 진 인권위'라는 제목으로 기사화되기도 하고, 실외에서 색이 진해지는 안경 때문에 '색안경'을 쓰고 인권침해 현장을 방관했다는 비난을 듣기도 했다. 한계가 분명한 인권 지킴이 활동에 대한 정당한 비판이기도 하지만 그런 말을 들으면 힘이 빠지고 괴롭다.

인권위 조사관으로 20년 가까이 여러 집회 시위 현장에서 인권 지킴이 활동을 했으나 밀양에서의 기억은 지금도 많이 아프다. 밀양 송전탑 건설에 반대하는 주민들은 송전탑 건설 예정 부지에 움막을 짓고 숙식을 하며 농성을 이어갔다. 송전탑이 될 그 땅은 고령의 주민들이 한평생 자식 낳아 기르고 농사지으며 살아온 삶의 터전이었다.

10년 가까이 계속되었던 송전탑 건설 반대 투쟁*은 2014년 6월 11일 밀양시가 움막 철거를 위한 행정대집행(행정에서의 강제 집행 수단 중 하나이다)을 예고하면서 긴장감이 최고조에 달했다. 밀양시 공무원과 경찰관 2,000여명이 행정대집행에 투입된다는 소식에 전국의 인권활동가와 취재진이 현장으로 달려왔다. 인권 지킴이 열세명이 새벽 5시경 현장에 도착했으나 우리를 향한 주민들과 인권활동가들의 시선은 차갑기만 했다. 행정대집행을 당장에 중지시키고 평화롭게 살아온 삶의 터전이 송전탑 건설로 사라지는 것을 막아달라고 요구하는 주민들에게 인권 지킴이는 행정대집행을 중지시킬 권한이 없고, '중대한 인권 침해가 목전에서 발생하는 경우에 긴급한 조치'를 하는 것에 한정되어 있다는 설명만 앵무새처럼 반복했다.

그게 말이 되느냐, 삶의 터전이 무자비하게 파괴되는 일보

---

* 2019년 경찰청 인권침해 사건 진상조사위원회는 송전탑 공사 반대를 막기 위해 과도한 공권력을 투입하는 등 인권을 침해한 사실을 인정하고 경찰청장의 사과를 권고했다.

다 더 중대한 인권침해가 어디 있느냐며, 배운 건 없어도 그런 게 인권이라는 건 알고 있다는 어르신들의 항의. 그 타당하고 온당한 말들 앞에서 인권 지킴이 매뉴얼의 내용을 설명해야 하는 일의 쓸모없음. 우리의 언어는 어디에도 가닿지 못하고 그대로 허공으로 흩어지는 것 같았다. 데자뷔처럼 인권 지킴이 활동 중에 몇번이고 같은 경험을 하지만 절대 익숙해지지 않는 순간이다.

네개의 움막 중에 두개가 오전에 철거되었고, 세번째 움막의 철거를 앞두고 있을 때였다. 움막 근처에서 누군가 나를 손짓으로 불렀다. 뒤늦게 생색이나 내려고 올라왔느냐며 우리를 혼내시던 할머니였다. "산 올라오면서 먹을 거 안 가져왔어? 배안 고파?" 새벽에 숙소를 출발해 산 위로 올라오면서 물 한모금 제대로 마시지 못한 상태였다. 할머니는 단팥빵과 우유 서너개가 담긴 비닐봉지를 내밀었다. "이거라도 먹고 요기라도 해야지." "할머니, 저희는 괜찮아요. 주민들 드세요…" "괜찮기는 뭐가 괜찮아. 다 먹고살자고 하는 일인데. 이거라도 가져다 먹어." 얼결에 빵 봉지를 받아들고서야 점심때가 된 줄 알았다.

'먹고살자고 하는 일'이라던 할머니 말을 증명이라도 하는 듯 식사 시간 동안 행정대집행이 잠시 중단되었다. 송전탑 문제가 아니었다면 주민들은 산 위가 아니라 산 아래 밭과 논에서 바쁜 농번기를 보내고 있을 계절이었다. 팽팽하던 긴장감이 조금 수그러들면서 움막 주위의 숲이 눈에 들어왔다. 6월, 가장 아름다운 녹색의 시간을 지나는 중인 나무들은 고요하고 아름다웠다. 햇살 아래서 나뭇잎들이 물고기 떼처럼 반짝거렸다. 정오가 지나면 움막 철거와 함께 베일 나무들이었다.

점심시간이 끝나고 행정대집행이 재개되면서 잠깐의 평화는 사라지고 동시에 여기저기서 비명이 들리기 시작했다. 움막 안 구덩이에서 쇠사슬을 몸에 감고 저항하던 할머니들이 삽시간에 끌려나왔다. 경찰은 할머니의 몸에 감겨 있던 쇠사슬을 공업용 절단기로 잘라냈다. 나무 합판으로 엉기성기 지어진 움막은 철거 용역들의 망치질과 발길질 몇번에 쉽게 무너졌다. 생지옥 같은 현장에서 나는 "조심하세요, 조심하세요"라는 말만 수없이 외쳤다.

밀양 할머니들이 주장하던 생명권이나 환경권, 공동체의 권리 같은 것은 불법 건축물에 대한 철거명령과 경찰의 공무집행 수행이라는 이름 앞에서는 무용지물과도 같았다. 인권 지킴이가 지켜야 할 것은 행정대집행법과 형사소송법이 아니라 헌법에서 보장하는 기본권이어야 하지만 그런 가치들은 무력하기만 했다. 움막 안에 인화 물질이 있을 수 있다는 말 때문에 나는 선뜻 움막 안으로 들어가지도 못했다. 불길에 휩싸이는 상상이 나의 발목을 붙들었다. 움막 안에서 목에 쇠사슬을 연결해 누워 있던 할머니들이 끌려나올 때도, 할머니 목에 걸린 쇠사슬이 거대한 절단기로 잘려나갈 때도, 움막 앞에서 기도회를 진행하던 신부와 수녀들이 강제 해산될 때도 경찰들을 향해 호루라기만 불고 또 불었다.

가장 높은 봉우리에 있던 네번째 움막 철거 현장에서는 부상자 호송을 위해 헬기가 출동했다. 헬기는 땅으로 내려앉지 못하고 공중에 뜬 상태에서 긴 줄사다리를 내렸다. 헬기가 부상자들을 탑승시키는 몇분 동안 한번도 겪어보지 못한 엄청난 소음과 바람이 일어났다. 바닥에 주저앉아 손으로 귀를 틀어막고, 무릎 사이에 얼굴을 묻었으나 숨을 쉴 수가 없었다. 부엽토와 나뭇가지와 흙먼지가 귀, 코, 목구멍으로 밀고 들어왔다.

부상자를 태운 헬기가 떠나자 헬기 소리에 묻혔던 주민들의 애끓는 통곡 소리가 이어졌다. 그러는 사이에 한국전력에서 보낸 일꾼들은 무심하게 전기톱으로 움막 주변의 나무들을 자르기 시작했다. 전기톱이 나무를 파고드는 소음이 비명 소리와 조금도 다르지 않았다. 나무들도 쓰러지며 비명을 지른다는 것을 그때 처음 알았다. 아름드리나무들이 뼈 부러지는 소리를 내며 바닥으로 쓰러질 때, 그 숲에 사는 모든 생명들이 내지르는 비명 소리가 들리는 듯했다. 6월의 태양이 그 모든 비명을 삼키며 오렌지빛으로 사그라지고 있었다.

그 아비규환의 세계를 뒤로하고 산을 내려왔다. 주민들, 인권활동가들, 동원되었던 경찰들이 앞서거니 뒤서거니 하면서 가파른 산길을 걸었다. 두시간이 넘는 하산 길에서 누구 하나 입을 여는 사람이 없었다. "다 먹고살자고 하는 일"이라며 단팥빵을 건네던 할머니의 얼굴이 떠올랐다. 할머니들의 먹고사는 일과 누군가의 '더 잘 먹고, 더 잘 살기'의 간극. 더 잘 먹고 더 잘 살자는 말 속에서 우리는 더 작고, 더 슬픈 존재가 되어가는 것은 아닌가. 설명할 수 없는 허탈함과 분노가 마음에 차올랐다. 손으로 얼굴을 문질렀더니 연탄을 비벼댄 것처럼 손바닥이 까매졌다. 밀양역 화장실에서 세수를 하고 국밥 한그릇을 사 먹은 후 밤 기차를 타고 서울로 올라왔다. 몸은 극도로 피곤한데도 새벽까지 잠을 잘 수가 없었다.

다음 날 출근하자 한 간부가 인권 지킴이 활동 덕분에 심각한 부상자도 없고, 큰 충돌도 없었다며 좋은 평가를 했다. 할머니들의 통곡을 듣지 못한 그는 그렇게 말할 수 있을는지도 모르겠다. 업무에 복귀해 아무렇지 않은 듯 전화를 받고 보고서를 쓰며 생활했지만, 불쑥불쑥 움막 철거 상황이 머릿속에서 재현되었고, 헬기가 일으킨 먼지바람에 갇혔을 때처럼 숨이 쉬어지지 않았다. 그리고 한동안 자려고 누우면 할머니들의 울부짖음, 나무들이 쓰러지며 내던 뼈 부러지는 소리, 호루라기 소리가 들렸다.

코로나19 발생 이후 대형 집회가 금지되면서 공식적인 인권 지킴이 활동이 사라졌다. 광장은 텅 비었고, 인권 지킴이 조끼는 종이 박스에 담겨 조사국 창고 안 깊숙한 곳으로 들어갔다. 집회 시위가 사라졌다고, 인권 지킴이 활동이 중단되었다고, 인권 문제가 사라진 것은 아니다. 눈에 보이지 않게 되었을 뿐. 인권 지킴이 조끼는 언제까지라도 창고에 넣어 보관할 수 있지만 사람의 문제는 그럴 수 없지 않은가. 광화문 광장을 지나갈 때마다 이런 질타가 들리는 듯하다. 밀양에서, 용산에서, 성주에서, 제주에서, 내가 모르는 많은 곳에서, 통절한 목소리가 들리는 것 같다.

예전에 한 주간지에서 집회 현장의 인권 지킴이 활동을 소개하면서 C 조사관의 인터뷰와 사진을 실은 적이 있었다. 그날 같은 현장에서 경찰 방패에 찍혀 이마에 부상을 입었던 S 조사관이 투덜대며 말했다. "방패에 더 많이 찍힌 건 난데, 왜 C가 기사에 나와? 당신은 인권 지킴이고 나는 인권 찍힘이인가?" 이 말 덕분에 S는 오랫동안 '인권 찍힘이'라는 애칭으로 불렸더랬다. 이제 암울했던 코로나19 시대를 지나 점차 일상을 회복해가고 있으니 그간 마스크에 가려졌던 다양한 인권 현안들도 다시 광장으로 쏟아져나오기를 기대한다. 인권 지킴이가 아니라 설령 인권 찍힘이가 되더라도 하늘색 조끼를 갖춰 입고 그 광장에 함께 서고 싶다.

청와대 앞을 쌩쌩

　2017년 6월, 청와대 앞길이 전면 개방되고 주변 검문소가 철거되었다. 검문검색으로 막혀 있던 청와대 일대를 사람과 차량이 자유롭게 왕래하기까지 50년이 걸렸다. 그리고 이제는 대통령 집무실 이전으로 청와대 앞은 물론 건물 내부까지 들어가볼 수 있게 되었다. 청와대 앞길이 개방되고 나서 얼마 지나지 않아 택시를 타고 청와대 앞을 지날 일이 있었다. 고향이 전라남도 영광이라는 택시기사는 자신이 차로 청와대 앞을 쌩쌩 달리는 날이 올 줄은 몰랐다며, 감격에 찬 목소리로 오래 묵은 이야기를 들려주었다.

　"열여덟에 서울로 혼자 올라왔어요. 줄줄이 동생들과 홀어머니를 시골에 남겨두고 무작정 올라왔는데 정말 세상 막막하고 얼마나 무섭던지. 그래도 서울이 넓고 구경할 것도 많아 참 좋아. 어느 날 동대문운동장에서 전두환 대통령이 무슨 연설을 한다고 해요. 서울 오니 대통령 얼굴도 다 본다면서 구경을 갔는데 운동장 앞에 경찰들이 쫙 깔려서 사람들 가방을 막 뒤지는 거야. 근데 하필 그때 서울 올 때 엄니가 했던 말이 딱 생각나지 뭡니까? 왜 하필 그 생각이 났는지… 엄니가 서울 가면 '사람들 조심해라. 코 베어 간다' 그랬는데 그 말이 생각나니 덜컥 겁이 나는 거야. 뭐가 겁나는지도 모르게 그냥 겁이 나. 그래서 무조건 뒤로 돌아 도망을 치는데 얼마 못 가 그대로 경찰한테 잡혀버렸지. 대통령 얼굴은 보지도 못하고 경찰서에 끌려가 죽도록 맞았어요. 왜 도망갔는지 불라는데 이유를 댈 수가 없어. 코 베어 갈까봐 도망갔다고 해도 믿지를 않아. 밤새도록 맞다가 아침에 풀려났는데, 아 지금 생각해도 내가 왜 도망쳤는지 알 수가 없어."

택시기사의 이야기가 끝나지 않아, 목적지를 두 정거장쯤 지나쳐서 내렸다. 이야기를 잘 들은 값으로 몇천원밖에 안 되는 거스름돈이지만 받지 않았다. 타고 온 개인택시가 멀어져가는 모습을 보면서 기분이 좋으면서도 어쩐지 살짝 슬픈 마음이 들었다. 택시기사는 무용담처럼 껄껄 웃으며 지난 이야기를 했지만, 어린 나이에 갑자기 경찰서에 끌려가 이유도 모른 채 몽둥이질을 당한 그 심정이 어땠을까? 어디 가서 억울하다는 하소연 한번 못했을 것이다. 그날 이후부터 멀리서 경찰 모자만 봐도 심장이 졸아들었을지도 모르겠다.

나는 경찰의 인권침해를 조사하는 조사관이지만 여전히 거리에서 경찰을 만나면 마음이 삽시간에 졸아들 때가 있다. 이성의 작용이 아니라 예전 기억이 부르는 자동반사적 행동이다. 아주 오래전 시위대를 따라 한강대교를 건너던 중에 붉은색 조명을 깜빡이며 뒤따라오던 페퍼포그 차가 갑자기 경고도 없이 시위대를 향해 무차별 발포를 했다. 다리 아래로 뛰어내리는 것 말고는 빠져나갈 방법이 없었다. 시위 대열을 향한 공권력의 발포 행위에는 최루가스보다 훨씬 더 맹렬한 독성이 담겨 있었다. 바로 시민을 향한 적대감과 혐오 말이다. 숨조차 쉴 수 없는 고통 속에서 무작정 앞으로 내달릴 수밖에 없었던 그 순간의 기억이 지금도 불시에 찾아올 때가 있다.

국가정보원, 경찰청, 국방부 등 국가기관의 잘못된 과거사를 바로잡기 위한 여러 법이 만들어졌고, 과거사 청산이나 민주화 기념, 때로는 혁신이라는 이름의 여러 기관이 생겨났다.

마땅하고 참 다행한 일이지만, 여전히 드러나지 않고 바로잡히지 않은 진실들이 너무 많다. "이야기가 된 고통은 고통받는 자들을 위로한다"●라는 말을 좋아한다. 청와대 앞길을 지나다니는 일 정도가 더는 뉴스거리가 되지 않기까지 우리가 알지 못하는 사연이 얼마나 많았을까? 택시기사의 이야기 같은, 작아서 더 아픈 사연들은 여전히 순전한 개인의 몫으로 남겨져 있다. 세상에 아직 드러나지 않은 공권력에 의한 인권침해 사연들이 글로, 영화로, 그림으로 더 많이 이야기되어야 한다고 생각한다. 존재하지만 보이지 않는 이야기가 우리에겐 더 많이 필요하다. 그 고통을 위로하는 일에 인권위 조사관으로서 벽돌 한 장 놓을 수 있었으면 좋겠다.

일을 마치고 천천히 걸어서 청와대 무궁화동산까지 산책했다. 무궁화동산은 1993년 김영삼 대통령 시절 안가(안전 가옥)를 헐어내고 작은 공원으로 조성한 곳이라고 하는데, 이름에 걸맞게 수백그루의 무궁화나무에 달린 꽃들이 참 아름다웠다. 청와대 앞길을 지나며 즐거워했던 택시기사님을 생각하며 "계속해보겠습니다!"라고 크게 한번 외쳐보았다.

● 홍은전 『그냥, 사람』 봄날의책 2020, 162면.

조사관의 직업병

　앞차가 우회전 깜빡이를 넣고 바퀴를 차선 끝에 반쯤 걸친 채 움직이지 않고 서 있었다. 우회전하려던 우리는 앞차에 가로막혀 직진 신호를 기다리는 신세가 되었고, 약속 시간에 늦어 마음이 불안한 친구는 화를 냈다. "아 뭐야, 우회전할 거면 빨리하지 왜 저래?" "우회전하려다 마음이 바뀌어 직진하려는 것 아닐까?" "우회전 깜빡이 켜고 있잖아?" "그건 깜빡하고 못 끈 거 아니겠어?"

　내 말이 끝나자마자 직진 신호에 불이 들어오고, 앞차는 바퀴를 돌려 직진을 했다. "하, 신기하네. 너 어떻게 알았어? 역시 조사관은 다른데? 이제부터 셜록 최라고 부를게." 운전하는 친구를 다독이려고 그냥 아무 말이나 던져본 건데, 조사관이란 직업 때문에 대단한 추론으로 맞춘 것이 되었다.

사실 조사관이라는 직업이 셜록 홈스처럼 보이는 순간은 출근 시간 지하철에서 빈 좌석을 만나는 것만큼이나 드물고 대부분은 그냥 짜증 유발자로 분류된다. "어제 쇼핑센터에 갔다가 엘리베이터가 멈춰서 20분 동안 갇혀 있었어. 119 출동하고 난리도 아니었잖아." 별일 없는 일상에 작은 사건이 끼어들었고, 그걸 무용담처럼 들려주려던 친구에게 질문을 해댔다. "몇시에 사건이 발생했는데? 몇명이나 갇혀 있었어? 최초 신고자는 누구야? 엘리베이터가 멈춘 원인은 밝혀졌어? 단순 고장이야? 안전 점검은 언제 받았대? 정신적 피해도 상당한데, 사과는 받았던 거야? 구조된 사람들 연락처는 서로 교환했어? 혹시 나중에 필요할 수도 있는데." 얼떨결에 고분고분 '진술'하던 친구가 마침내 정신을 차리고 한마디 했다.

"야, 너 조사관 병 또 발동했다."

내 직업병의 가장 큰 희생자는 순진한 우리 아들이 아닐까 싶다. "엄마, 책 다 읽었으니까 컴퓨터 해도 되지?" "진짜 책 다 읽었어? 아닌 것 같은데⋯ 책 페이지 넘긴 자국이 하나도 없는데. 엄마 보고, 읽은 데까지 주요 요지와 쟁점을 정리해서 말해

볼래?" "…"

"엄마, 나 지금 출발했어. 근데 길 많이 막혀서 조금 늦을 것 같아." "진짜 출발한 거 맞아? 아닌데, 소리가 울리는데. 소음도 없고. 욕실에 있는 거 맞지?" "…" 엄마와 대화하다보면 조사받는 기분이 든다고 말하는 아들에게 엄마들은 다 그런다고 얼버무리지만, 나라도 누가 이런 식으로 꼬치꼬치 캐물으면 상당히 기분 상할 것 같기는 하다.

2008년, 미국산 쇠고기 수입 반대 광우병 촛불시위가 매일 서울 시내 한복판에서 벌어지던 때였다. 시민단체 소속으로 당시 광우병국민대책회의에서 실무 책임을 맡고 있던 남편이 '불법집회' 주도 혐의로 수배되었다. 어느 날 아침, 바쁘게 출근 준비를 하던 중에 집으로 경찰들이 들이닥쳤다. 뉴스를 통해 자택 압수수색 사실이 보도되면서 내 핸드폰에 불이 났다. 친정 식구들과 친구들, 동료들의 걱정과 위로의 전화가 빗발쳤다. 영화나 드라마에서 보는 것처럼 신발을 신고 들이닥친 경찰들이 온 집 안을 발칵 뒤집고, 책과 부엌살림, 옷더미로 난장판이 된 집 구석에서 오열하는 아내와 아들… 이런 장면이 전개되었으리라 생각하는 것 같았다.

그런데 정작 나는 그날 상황을 조사관의 관점에서 흥미롭게 대응했다. "압수수색을 글이 아니라 '리얼 생생' 체험할 기회가 생겼군!" 현관 앞에 경찰관들을 세워놓고 신분증을 일일이 확인하고, 압수수색 영장을 받아서 천천히, 꼼꼼히 살폈다. 영장에 적힌 수색과 압수의 범위를 벗어나는지 조사관의 매의 눈으로 감시했다. 경찰들이 어쩐지 수색을 대강 하는 것처럼 보였다. 아니, 공무집행을 이렇게 대강 해도 되는 걸까 걱정스럽기까지 했다. 몇십분 만에 수색과 뒷정리를 마친 후, 꾸벅 인사를 하고 떠나는 경찰들을 보면서 초등학교 3학년 아들이 말했다. "우와! 엄마가 조사관이라 정말 다행이야." 조사관 엄마에게 늘 당하기만 하던 아이도 그날은 꽤 자랑스러워하는 것 같았다.

사실 나는 개인적인 문제로는 캐묻고 따지지 못하고 대강 넘어가는 편이다. 직업병의 부작용이라고 할 수 있다. 남이 가져온 엉킨 실타래를 풀다가 에너지를 다 써버려서 그런지 내 일은 갈수록 웬만하면 어물쩍 넘기는 온순한 인간이 되어간다. 이런 온순함을 성숙해진 것으로 포장하고 싶지만, 솔직히 그냥 에너지 부족 현상일 뿐이다.

다행히 비슷비슷한 증상을 보이는 동료 조사관들이 많아 위안이 된다. 조사관 회식이라도 할 때면 입에서 튀어나오는 밥알이 첫눈처럼 쌓일 듯 격론이 벌어지기도 한다. 인권의 역사나 철학, 가치 등을 두고 격론을 벌이면 멋지기라도 할 텐데, 아주 사소한 육하원칙에 대해 따져 묻다가 결국 실제 사건 이야기는 들어보지도 못하는 경우가 태반이다. 누군가 참다못해 이제부터 일 이야기 하면 1만원씩 벌금 내야 한다고 소리를 높여야 잠시 논쟁이 종결되는 식이다.

동료 중에 부부 조사관이 있는데, 저녁 식탁에서도 사건 토론을 한다. "있잖아, 오늘 들어온 사건인데 말이야…"라고 이야기가 시작되는데, 자세히 들어보니 사건의 주요 쟁점을 파악하고 법리를 검토하다가 밤을 지새우는 것이 아니라, 대개는 사건 개요 단계에서 말싸움으로 치달을 때가 많은 것 같다. 남편은 초보 조사관인 아내에게 육하원칙에 따라 제대로 설명하라고 지적하고, 아내는 베테랑 조사관이 그 정도 설명하면 딱 알아들어야 하는 것 아니냐고 따지는 패턴인 듯했다. 남편 조사관은 자신이 뭘 잘못했는지 모르겠다며 하소연하고, 아내 조사관은 어떻게 남편이 돼서 그럴 수가 있느냐며 자기가 인권위원도 아니면서 제대로 듣지도 않고 웬 질문을 그렇게 해댄다고 하소연하기 일쑤다. 그 말을 듣던 나는 남편 조사관이 조사관 병에 걸려서 그런 거라고 말해줄 수도 있지만 그냥 입을 다문다. 어차피 아내도 이 일을 오래 하다보면 조사관 병에 걸릴 테고, 그러면 저절로 그 이유를 알게 될 테니까.

사건에 치이고 진정인에 치여 괴로워하면서도 조사관들은 만나기만 하면 "있잖아, 내 진정 사건이 말이야…" 하면서 눈을 반짝인다. 알고 보면 인권위 조사관은 은근히 직업병을 즐기는 사람인 것도 같다. 조사관 엄마와 아빠를 둔 아이들은 많이 괴로울 테지만.

열 사람이 한숟가락씩 밥을 보태고

2011년 조사관들이 인권위 앞에서 1인시위를 했다. "붕어빵에는 붕어 없고, 북한산에는 북한 없고, 인권위에는 인권 없다" "독선과 불통으로 인권위가 죽어갑니다" "식물인권위원회 인권침해위원회가 되려고 합니다" 같은 피켓을 들고 점심시간마다 인권위 간판 아래 서 있었다. 언론 기고를 통해 인권위원장과 지도부의 비민주적인 행태를 비판하기도 했다.

당시 인권위는 정권 교체기를 거치면서 인권기구의 목숨과도 같은 독립성을 스스로 훼손하며 정권의 하수인 노릇을 자청했다.* 조사관들의 1인시위는 이러한 인권위의 사정을 국민에게 알리려는 공익적 활동이고 인권위법으로 보장하는 표현의 자유의 표출이었다. 그러나 인권위원장은 국가공무원법의 공무원의 품위유지 의무와 집단행위 금지 규정을 적용해 열한명의 조사관에게 정직과 감봉 등의 징계를 내렸다. 이것은 열한명에 대한 부당한 징계이면서 동시에 표현의 자유를 수호하라고 만든 조직에서 오히려 표현의 자유를 억압하는 반인권적 조치였다.

징계 담당 부서에서 당사자들을 불러 잘못을 인정하고 반성하면 중징계는 면할 수 있다며 조언을 빙자한 회유를 하려다가, 표현의 자유를 침해하더니 이제 양심의 자유까지 침해하려한다는 조사관들의 항의를 들었다. 차라리 '정직' 말고 다른 종류의 징계를 했다면 '정직한' 조사관들을 '정직'시켰다는 비난만은 피했을 거라는 농담을 지금도 한다. '정직한' 조사관들이 두려워한 것은 징계가 아니라 인권위가 제 역할을 하지 못하는 것이었음을 '그들'은 알지 못했던 것 같다.

부당한 징계를 당한 조사관들은 6년 동안의 기나긴 행정소

송을 거쳐 다행히 2017년 대법원에서 징계 처분 취소 승소 판결이라는 해피엔딩을 맞았다. '정직한' 조사관들의 징계는 절차를 거쳐 전부 취소되었고 징계로 깎였던 봉급도 한꺼번에 돌려받았다. 그 세월 동안 당사자들이 겪었던 심리적 고통과 보이지 않는 인사상의 불이익까지 되돌릴 수는 없었지만 뒤늦게나마 조사관들의 명예 회복이 되었다. 전 인권위원장은 그들에게 공무원의 품위 위반이라는 굴레를 씌웠지만, 인권위 조사관들은 공무원의 진정한 품격이 어떠해야 하는지를 당당히 보여주었다. 1심과 2심에서 전부 패소한 후에도 대법원까지 계속 소송을 이끌 수 있었던 것은 당사자들의 단단한 신념뿐 아니라 소송 비용 모금에 앞장섰던 동료들의 믿음과 지지도 중요한 힘이 되었을 것이다.

'정직한' 조사관들은 승소 판결을 받은 후 큼직한 수박 한덩어리와 뜨끈한 떡 상자를 모든 과에 돌려 감사와 기쁨을 나누었다. 수박과 떡이 차려진 회의실 탁자 앞에서 나도 모르게 울컥 눈물이 났다. 수박의 속살처럼 붉고, 떡만큼 뜨끈한 마음이 우리에게 돌아온 것 같아서.

동료들의 연대는 인권위 안에서뿐 아니라 밖을 향해서도 이어졌다. 봄과 가을이면 인권단체의 활동비 모금을 위한 일일

호프나 전시회, 콘서트 행사 소식이 자유게시판에 풍성하게 올라온다. 열의 넘치는 몇몇 직원들은 직접 행사 티켓을 들고 과를 돌아다니며 구매를 촉구하기도 한다. 대다수가 기꺼이 인권단체 후원 활동에 참여한다. 현장에서 인권활동가를 만날 때면 "나는 인권으로 호의호식해요"라며 농담을 하지만 사실 반은 진심이 담겨 있다. 이런 생각은 내가 선한 사람이라서가 아니다. 인권위는 인권운동가들의 오랜 투쟁 덕분에 만들어졌고, 그들의 헌신적 활동이 있기에 인권위가 조사, 교육, 정책 활동을 할 수 있다는 것을 알기 때문이다. 인권위 조사관이라면 조금씩 이런 마음을 공유하고 있다고 믿는다.

인권활동가들에게 우리의 마음을 조금 더 구체적으로 표현하기 위해 만든 프로젝트가 '십시일반'이었다. 2016년 조사관들의 큰 호응 속에 시작된 이 프로젝트는 지금도 계속된다. 십시일반, 열 사람이 한숟가락씩 밥을 보태면 한 사람이 먹을 만큼의 양식이 된다. 매월 월급에서 일정한 액수를 공제해서 인권단체 활동가들의 휴식(노동이 아니다!)을 지원하는 기금을 마련해보자는 몇몇 조사관의 제안에 80명이 넘는 직원들이 정기 후원에 참여했다. 각자의 여건에 따라 1만원부터 5만원까지 액수를 정했고, 이렇게 조성된 기금은 인권재단을 통해 인권활동가들에게 지원되고 있다.

이 기금은 매년 두세명의 인권활동가의 쉼을 위해 보태진다. 선정 기준은 지원자가 얼마나 잘 쉬고, 잘 먹고, 잘 노는 계획을 준비했는지이다. 일 잘하라고 주는 펀드는 이미 세상에 넘쳐흐르니까 잘 놀고, 잘 먹고, 잘 쉬는 것을 지원하는 펀드 하나쯤은 있어야 하지 않겠는가. 먹고 쉬고 노는 일이야말로 인간의 존엄을 유지하는 중요한 요소임에도 정작 그 권리를 위해 싸우는 이들의 휴식은 제대로 보장되지 못하고 있다. 인권위 조사관의 작은 마음이 모여 인권활동가들의 잠자리가 되고, 비행기표가 되고, 국밥 한그릇이 된다고 생각하면 마음이 따뜻해진다.

십시일반하는 또다른 마음도 있다. 군부 쿠데타가 일어난 미얀마(버마)의 인권활동가들을 위해 무엇인가 해보자는 제안이다. 조사관들의 모임인 '아시아인권연구모임'에서는 2007년부터 태국 북부 매솟 지역의 미얀마 난민 캠프의 어린이들을 위해 모금 활동을 했고 휴가를 내서 아이들을 만나러 가기도 했다. 지금도 그때 매솟에 다녀왔던 조사관이 쓴 '매솟 보고서'가 인트라넷 자유게시판에 남아 있다. 보고서 중간, 아이들이 환하게 웃는 사진 아래 이런 글이 적혀 있었다.

"4년 전에 처음 만났을 때, 너무도 어려 숟가락질도 제대로 못해 누가 밥을 먹여주어야 했던 치치가 이제 초등학교 1학년이 되었습니다. 혼자서 연필도 깎을 줄 압니다. 우리를 알아보고 웃어주며 졸졸 따라다니던 치치가 또 금방 그리울 겁니다. 비슷한 또래의 푸후와 리에리우는 부모를 따라 다른 곳으로 이사를 했답니다. 부디 미얀마로 다시 잡혀가지 않기를 바랄 뿐입니다."

이 모임은 7년 가까이 계속되다가 미얀마의 민주화가 진척되고 중간에서 지원 사업을 매개했던 마웅저 씨가 2013년 12월 한국에서의 난민 지위를 반납하고 고국으로 돌아가면서 중단되었다. 2021년 2월 미얀마에 군부 쿠데타가 벌어진 이후 끔찍한 인권침해 뉴스들이 계속되고 있을 즈음 자유게시판에 글이 올라왔다. "미얀마 사람들의 안녕을 위해 인권위 조사관들이 할 수 있는 십시일반이 없을까요?"

가을과 함께 풍성하게 전해지던 인권단체 후원 행사들은 코로나19 이후 사라졌다. 인권으로 호의호식하는 나 같은 사람이 마음 빚을 갚을 기회도 줄어들었다. 코로나19로 힘겨운 터널을 지나는 동안 우리 모두가 조금씩 십시일반의 마음을 더 갖게 된 것 같다. 인권위 조사관들의 '십시일반 시즌 2'를 슬슬 준비해야 할 시절이 왔다.

밤길의 공포

　산책을 하려고 옷을 갈아입고 나서야 밖에 비가 온다는 것을 알았다. 빗방울이 제법 굵었지만 우산을 들고 동네 숲으로 향했다. 주말 농장 앞에는 적상추, 치커리, 로메인 같은 쌈 채소 모종들이 나란히 줄을 서서 비를 맞고 있었다. 연두색 작은 이파리 위로 빗방울이 고였다가 후드득 떨어졌다. 비 오는 숲은 고요하면서도 소란스럽다. 숲에 사는 모든 것이 4월의 비를 환영하며 색과 향기의 팡파르를 터뜨린다. 막 피기 시작한 진달래가 수줍은 분홍 손을 흔들며 우중 산책자를 반겼다.

　우중 산책의 황홀에 흠뻑 취하고 싶었으나 일정한 간격을 두고 뒤에서 걸어오는 한 산책자 때문에 점점 신경이 곤두섰다. 우산을 깊게 내려 써서 얼굴은 볼 수 없었지만 체격이 건장하다는 것은 알 수 있었다. 전화를 받는 척하며 잠깐 멈춰 서서 남자가 어쩌나 보았는데, 그는 무심하게 나를 지나쳐 앞으로 걸어갔다.

공연히 산책자를 치한 취급한 것 같아 미안하면서도 한번 생긴 불안은 쉽게 가라앉지 않았다. 남자가 혹시 숲에 숨어 있다 달려드는 것은 아닐까? 주말 농장 주변에 비어 있는 비닐하우스도 많은데. 무슨 일이 생겨 소리를 지른다 해도 빗소리에다 묻혀버릴 거야. 우중 산책의 기쁨이 되었던 인적 없는 숲의 고요가 갑자기 공포로 느껴지면서 급하게 발길을 돌려 집으로 돌아올 수밖에 없었다. 과민한 반응일 가능성이 컸지만 어쩔 수 없었다.

여성들에게 폭력의 위험은 막연한 공포가 아니라 현존하는 실질적 위험임을 알기에 안전함은 내가 무언가를 선택하거나 포기하는 중요한 기준이 되곤 했다. 그것은 단지 우중 산책의 즐거움을 포기하는 일에 그치지 않았다. 알게 모르게 일상의 시간과 거리의 반경을 좁혔고, 세상을 향한 모험과 탐험을 가로막았다.

30대에 아파트 주차장에서 강도를 당한 적이 있다. 비 오는 밤길에 갑자기 누군가 뒤에서 나를 덮쳐 두툼하고 끈적끈적한 손으로 입을 틀어막았다. 손가락을 물어뜯으려고 했지만 손아귀 힘이 어찌나 강한지 얼굴을 움직일 수조차 없었다. 소리 한 번 못 지르고 무기력하게 지하 주차장 입구까지 끌려갔다. 마침 순찰을 시작한 경비원이 주차장 쪽으로 플래시를 비추지 않았다면, 그날의 순찰이 몇분만 더 늦게 시작되었다면, 나는 그 폭력에서 벗어나지 못했을지도 모른다. 그날의 기억은 평소에는 아무렇지도 않다가 종종 갑작스럽게 튀어나와 나를 삼켜버릴 때가 있다.

트랜스 여성의 인터뷰 기사를 보다가 공포에 대한 감각도 성차별의 결과임을 새삼 확인했다. 그녀는 남성으로 사는 동안 느끼지 못했던 밤길의 공포를 여성으로 살면서 알게 되었다고 고백했다. 육체적으로 여전히 강건하고 군대에서 배운 무술 실력도 그대로지만, 성전환 후부터 밤길이 무서워졌다며 남자로 살던 시절에는 한번도 느껴보지 못한 감각이라고 했다. 나는 가끔씩 어릴 때 남동생들처럼 태권도를 배웠다면 어땠을까 생각했다. 무술을 배웠다면 밤길은 말할 것도 없고 혼자 여행도 자유롭게 하고, 원거리 출장을 갈 때마다 안전한 숙소를 찾느라 돈과 시간을 낭비하는 일도 없을 것 같았다. 그런데 트랜스 여성의 인터뷰를 보면서 여성들이 느끼는 폭력의 공포는 무술을 연마하여 힘을 키운다고 해도 (물론 조금 도움은 되겠지만) 근본적으로 사라지지 않는다는 사실에 놀랐다.

여성들에게는 매우 보편적인 밤길의 공포를 보통의 남성들은 알지 못한다는 것을 아들을 키우면서 여러번 느꼈다. 밤늦게 다니지 말라고 잔소리할 때마다 "네네 어머님" 하며 농담으로 받던 아들이 어느 날은 엉뚱한 질문을 했다. "엄만 밤길이 그렇게 걱정돼? 내가 길이라도 잃어버릴까봐?" 여자인 엄마가 평생에 걸쳐 느껴왔던 공포심을 아들은 전혀 알지 못했다. 아들과 이야기를 나누다가 보통의 남성이 밤길을 두려워하지 않는 것은 (성)폭력의 공포를 상상하지 않기 때문이라는 걸 알게 되었다. 이것은 성별 상상력의 차이가 아니라 실제 존재하는 위험도가 다르기 때문이라고 명확히 말할 필요가 있겠다. 언젠가 선배 언니의 20대 딸이 이런 말을 했다. "카페에서 잠깐 자리를 비울 때 비싼 노트북도 그냥 펼쳐두고 나가잖아요. 절도 피해를 걱정해야 하는 세상이 더이상 아니니까요. 그런데 왜 여성들은 늘 범죄 피해를 걱정하며 살아야 하죠? 내가 노트북만큼도 안전하지 않다는 생각이 들었어요."

이런 사실은 정부의 실태조사* 결과에서도 잘 드러난다. '밤늦게 혼자 다닐 때 성폭력을 당할까봐 두렵다'고 대답한 여성은 73.2퍼센트였지만 남성은 13.4퍼센트로 나타났다. '택시, 공중화장실 등을 혼자 이용할 때 성폭력을 당할까봐 걱정한다'는 항목에 대한 여성(62퍼센트)과 남성(11.2퍼센트)의 응답도 현저한 차이를 보였다. 지하철, 버스 등 대중교통에서도 성추행의 공포를 느낀다고 응답한 여성들이 45.8퍼센트나 되었다. 사실 내가 알고 싶은 것은 (성)폭력의 두려움을 얼마나 많은 여성이 느끼는지가 아니라 이 공포가 여성의 삶을 실질적으로 어떻게 위축시키는지에 관한 것이다. 사회역학자들이 차별과 건강의 상관관계를 연구하는 것처럼 '밤길의 공포'가 여성의 삶을 어떻게 왜곡하고 위축하는지 더 구체적인 연구와 조사가 있었으면 좋겠다.

2014년 미국 컬럼비아 대학에서 '푸른 매트리스 들기 운동'Mattress Performance(Carry That Weight)이 펼쳐졌다. 이 학교 2학년생이던 엠마는 자신의 기숙사 방에서 성폭행을 당했다. 유사한 피해자들의 증언이 있었음에도 가해자는 사실을 부인하며 엠

● 여성가족부 「2019년 성폭력 안전실태조사 연구」 여성가족부 2020, 122면. 여성가족부는 성폭력 방지 및 피해자 보호 등에 관한 법률에 따라 3년마다 전국 성인 남녀 1만명을 대상으로 성폭력 실태를 파악하고 성폭력 방지 및 예방에 관한 정책 수립을 위한 성폭력 안전실태조사를 실시한다.

마를 맞고소했다. 이 고통스러운 과정에서 엠마는 사람들에게 자신의 고통을 '보여주기'로 결심한다. 가해자에 대한 항의이자 졸업 논문 프로젝트의 일부로서 성폭행을 당했던 기숙사 방의 푸른색 매트리스를 어깨에 메고 캠퍼스를 돌아다니기 시작한 것이다. '강간은 어디에서나 일어날 수 있어요. 그 고통을 나는 이렇게 매트리스처럼 짊어지고 다녀요. 이 고통이 왜 피해자의 몫이 되어야 하나요.' 그녀는 강의실로, 도서관으로, 식당과 운동장으로 푸른 매트리스를 십자가처럼 지고 다니며 이렇게 외치고 있었다. 엠마의 고통을 '본' 여학생들이 그리고 남학생들이 각자의 매트리스를 메고 나와 엠마의 퍼포먼스에 동참하기 시작했다.

이 이야기를 떠올릴 때마다 나는 온 캠퍼스가 푸른 매트리스의 물결로 가득 채워지는 상상을 하곤 한다. 캠퍼스를 채운 푸른 매트리스는 둘러보면 세상 어디에나 있다. 강남역 10번 출구에 붙어 있던 수천수만의 메모와 추모의 물결, 그것은 우리의 푸른 매트리스가 아니었을까. 밤길의 공포는 더 많이 연구되어야 하고 더 많이 이야기되어야 한다. 공포의 서사가 또 다른 공포의 이유가 되는 것이 아니라 푸른 매트리스의 물결이 되었으면 좋겠다.

아들의 아르바이트를 만류하며

여름방학 동안 치킨집에서 아르바이트를 하게 될 것 같다고 아들은 신났다. 단기로 일할 사람을 뽑는 곳이 거의 없는데 운 좋게 군대 가는 선배의 일자리를 물려받아 일하게 되었다는 것이다. 생애 첫 아르바이트를 앞두고 들떠 있는 아들과 달리, 일할 곳이 주방이라는 말에 나는 걱정부터 앞섰다. 치킨집 주방이라면 기름을 많이 쓰는 곳인데 화상이나 화재 위험은 없을까, 기름 연기가 몸에 그렇게 안 좋다는데 왜 하필 그런 곳에서 일한다고 하는 걸까.

아들이 몇 시간 뒤에 시무룩한 목소리로 전화를 했다. 주방에서 설거지를 하는 줄 알았는데 생닭을 씻어 손질하고 기름에 튀기는 일을 해야 한다고 했다. 시급은 최저임금. 야간 일을 마치면 버스가 끊길 때여서 택시를 타야 할 거 같다는 말도 덧붙였다. 1년 넘게 그곳에서 일한 선배는 닭 튀길 때 특히 조심하라며 화상 흉터를 보여주었다고 했다. "엄마, 그 형 손등에 기름에 덴 흉터가 여러개 있어." 나는 화상 흉터 이야기에서 꾹꾹 눌렀던 말을 해버렸다. "너무 위험할 것 같은데, 필요한 거 엄마가 사줄 테니 아르바이트 안 하면 안 돼?" 세상 물정을 배우는 데 경험만큼 중요한 것이 없다고 가르칠 때는 언제고, 이제 와서 '엄마가 다 사줄게'라니… 헬리콥터 맘이 따로 없었다. 이 말에 아들은 발끈했다. 얼마나 어렵게 구한 아르바이트인데 하지 말라는 것이냐며 알아서 하겠다고 선언한다. 구구절절 옳은 말이나 그래도 나는 걱정되고 불안하다.

토요일 밤, 아르바이트를 마치고 온 아이가 풀이 죽고 많이 지쳐 보였다. 일요일까지 무급 인턴으로 일을 배운다고 했다. 치킨집 아르바이트생이 이틀이나 무급으로 일을 한다는 것이 말이 안 된다고 생각했지만 알아서 한다는 말을 또 들을까봐 입을 꾹 다물었다. 다섯시간 동안 생닭 손질하고, 닭 튀기고, 설거지하고, 주문 받고, 자기 외에는 다른 아르바이트생이 없어서 시키는 일은 뭐든 다 해야 하는 상황이라고 했다. "근데 엄마, 정말 더워. 주방에 에어컨은커녕 환풍기도 없어. 덥기도 하지만 기름 정제할 때는 진짜 조심해야 할 것 같아." 무슨 최저임금 아르바이트생에게 기름 정제까지 시킨단 말인지. 그냥 커피숍이나 편의점 같은 곳으로 옮기라고 했더니 엄마야말로 세상 물정 모른다는 눈으로 나를 쳐다보았다. 그런 곳은 구하기도 어렵지만 힘든 건 마찬가지라고 했다.

남의 집 아이들이 일하는 걸 보면 측은하면서도 기특하고 철들었다고, 젊어 고생은 사서도 한다고 편하게 생각했다. 그런데 막상 내 자식이 일을 한다고 하니 '고작 몇푼 벌겠다고' 같은 말이 참 쉽게도 나왔다. 아들이 할 일이라고 생각하니 치킨집 주방일이 고층빌딩 유리창을 닦는 일만큼이나 위험하게 느껴졌다. 내 자식이 아니더라도 누군가 그 일을 할 것이다. 그나마 그런 자리도 경쟁이 심해서 선배 덕분에 겨우 구했다고 하지 않던가? 치킨집 주방에서 1년도 넘게 일했다는 아들 선배의 화상 흉터가 상상되어 얼굴이 화끈거렸다.

늦은 밤 노트북을 열었다. 한국서부발전의 사업장인 태안화력발전소에서 스물네살이라는 젊은 나이에 비참한 죽음을 당한 고 김용균 씨와 그의 엄마 김미숙 씨에 관한 기사들을 찾아 읽었다. 김용균 씨뿐 아니라, 간단한 검색만으로도 일하다

사고로 죽은 '남의 집' 자식들의 이야기가 넘쳐났다. 산업재해로 사망하는 사람이 해마다 2,000명이 넘는다는 믿지 못할 수치들을 읽었다. 안전 조치의 비용보다 사람 목숨값이 싼 나라에서 남의 집 자식들은 그렇게 죽어가고 있었다.

우연한 기회에 인권위원으로부터 김용균 씨 사건 현장을 방문했을 때의 이야기를 들은 적이 있다. 인권위원들을 안내하기 위해 한국서부발전의 간부들이 현장에 나와 있었는데 그들도 발전소 내부는 처음이라고 말했다고 했다. 그들은 안내가 미숙해도 양해해달라는 의미로 그런 말을 했겠지만 내게 그 말은 무심결에 나온 고백처럼 들렸다. 회사에서 당연히 책임졌어야 할 일터의 환경이나 안전에 대해 사실은 관심이 없었다는 고백. 김용균 씨는 본청 간부들은 와본 적도 없는 '현장'에서 밤새 혼자 일하다 목숨을 잃었다.

김용균 씨의 엄마 김미숙 씨는 광장에 서 있었다. 일하다 죽는 죽음은 더이상 없어야 한다고 외치며 바람 부는 광장에 서 있었다. 남의 자식의 죽음이라도 막겠다는 김미숙 씨의 검디검은 눈동자가 아득해 보였다. 그녀가 보냈을 수없는 불멸의 밤처럼 깊고도 검었다. 그녀의 어쩔 수 없는 그 마음은 정녕 얼마나 어쩔 수 없는 것이었을까. 위험한 곳에서 노동하는 청춘들과 그들을 지켜볼 수밖에 없을 수많은 김미숙 씨의 고통이, 인권으로 밥벌이하는 내게도 여전히 타인의 고통이며 연민의 한 자락 끝에 있음을 부끄럽게 깨닫는 밤이었다. 한 시사 주간지 표지에 실렸던 그녀의 사진을 찾아 책장 선반 위에 세워두었다. 일부러라도 그 눈동자를 한번씩 바라보려고. 그 어쩔 수 없는 마음을 가끔은 떠올려보려고. 그렇게라도 기억해보려고.

2016년 특성화고등학교를 졸업한 후 스크린도어 정비 업체에 입사했던 김군이 구의역 작업 중에 사망했다. 심보선 시인은 김군을 애도하며 이렇게 슬픔을 노래했다. "누군가 제발 큰 소리로 '저런!' 하고 외쳐주세요! 우리가 지옥문을 깨부수고 소년을 와락 안을 수 있도록."* 소리 높여 외치는 이들보다 나처럼 연민만 하는 이들이 많았던 것일까? 현실은 바뀌지 않았고 현장 실습하던 아이들이 기계에 끼어, 공사장 추락으로, 직장 내 괴롭힘으로, 잠수 작업 중에 익사로, 비통한 죽음들이 이어지고 있다.

2022년 1월 27일 '김용균법'으로 불리는 중대재해 처벌 등에 관한 법률이 시행되었다. 고의 또는 중대한 과실로 노동자의

●   심보선 「갈색 가방이 있던 역」 2016.

사망 등 중대한 산업재해가 발생했을 때 개인 사업주 또는 경영 책임자를 처벌하도록 법은 규정하고 있다. 그러나 사고 회사의 실질적인 경영 책임자를 처벌할 수 있을지 불투명하다. 회사 측이 노동자 안전을 위한 기업의 의무 위반과 중대재해와의 인과관계를 따지고 들면 기나긴 법정 공방이 이어질 수밖에 없을 것이라는 우려가 높다. 그마저도 5인 미만 사업장은 이 법의 핵심 조항인 중대산업재해에 관한 규정이 적용되지 않는다. 전체 노동 인구의 다섯 명 중 한 명이 5인 미만 사업장에서 일하고 있고,* 2021년 산업재해로 사망한 노동자의 38.4퍼센트가 5인 미만 사업장에서 발생했다**는 것을 생각하면 법의 사각지대는 너무도 크다. 아들의 치킨집 아르바이트를 만류한 이유는 아이가 애쓸 것이 안타까워서이기도 했지만, 산업재해 수치로 확인되는 소규모 사업장의 노동 현실을 모르지 않기 때문이었다.

지금은 거의 볼 수 없지만 예전에 택시나 버스의 룸미러에는 '오늘도 무사히'라는 글귀가 쓰인, 어린 소녀가 무릎을 꿇고 기도하는 사진이 달랑달랑 매달려 있곤 했다. 아침마다 피곤한 몸을 일으켜 일터로 향하는 발걸음에는 이런 마음이 담겨 있

● 「5인 미만 사업장, 여성·비정규직·저임금 근로자 비율 높아」 『아웃소싱타임스』 2022. 5. 12.
●● 고용노동부 보도자료 「'21년 산업재해 사망사고 현황 발표」 2022. 3. 15.

다. "열심히 일하고, 잘 다녀오겠습니다." 무사한 하루를 마치고 집으로 돌아가는 일상, 소박한 저녁을 먹고 텔레비전을 보다 잠드는 하루. 이 평범하고 소소한 소망을 국가는 왜 지켜주지 못하는가? 우리는 여전히 출근하는 이들의 뒷모습을 바라보며 안전과 무사 귀환을 기도해야 하는 세상에 살고 있다. 연민하거나 수치심에 빠져 있기에는 현실이 너무도 잔인하다.

언젠가 지하철 역사 난간에서 위태롭게 매달려 일하는 청소 노동자의 사진이 SNS를 통해 확산되면서 서울시가 시정을 약속한 사건이 있었다.[*] "누군가 제발 큰 소리로 '저런!' 하고 외쳐주세요!"라는 시인의 말대로 소리치고 끌어안는 순간에 작은 변화가 일어났다. '그 쇳물을 쓰지 않겠다'[**]는 각성, 연민과 수치심에서 벗어나 함께 외치고 끌어안는 힘만이 희망이 아닐까.

* 「'이촌역 청소 노동자' 논란… 박원순 "코레일 소속, 재발 방지 조치"」 『고발뉴스』 2013. 6. 4.
** 제페토 『그 쇳물 쓰지 마라』 수오서재 2016. '제페토'라는 이름을 쓰는 누리꾼은 사람들에게 '댓글 시인'으로 불린다. 2010년 한 철강업체에서 일하던 20대 청년이 작업 도중 용광로에 빠져 흔적도 없이 사망한 일을 전하는 기사에 댓글로 쓴 추모시 「그 쇳물 쓰지 마라」가 화제가 되었다. 그의 시를 읽은 많은 이들이 공감을 표하며 이런 억울한 희생이 반복되지 않도록 사회적 각성이 필요하다고 입을 모았다.

저녁노을도 다 사정이 있었겠지요

　날씨 예보를 해주는 기상청처럼 '마음청'이 있어서 날마다 마음 예보를 해주었으면 좋겠다는 생각을 한 적이 있다.

　"아침 출근길, 오랜만에 마음이 목련꽃처럼 환하겠습니다. 오후 들면 꽃그늘이 짙어지면서 다소 울적해질 것으로 예상되니 아침 시간의 맑음을 충분히 즐기시길 바랍니다. 저녁 이후에는 계절증후군으로 우울 모드가 다가올 전망입니다. 미리미리 우산, 아니 좋아하는 케이크 한조각과 밀크티 한잔 준비해두시는 것이 좋겠습니다. 이상 마음청에서 알려드렸습니다."

　이런 식의 마음 예보를 듣고 미리 마음 날씨에 대비할 수 있다면, 얄궂은 마음 엉킴이 조금은 줄어들지 않을까.

타인의 감정은 고사하고 내 마음도 읽지 못하는 날들이 많다. 아침이 오면 무감하게 일어나 출근을 하고, 저녁이 되면 무념하게 밥을 먹고 고양이처럼 웅크리며 마음의 출렁임을 무시한다. 반복되는 날들 속에 주인 잃은 마음은 저 혼자 열심히 감정의 실타래만 짓는 듯하다. 감정이란 것이 주인이 매정하면 그대로 돌아서서 떠나가면 좋으련만, 미련하게 어디 몸 한구석에 웅크리고 있다가 작은 흔들림에도 엉클어지고 일그러진다. 동백 꽃잎처럼 붉고 부드럽던 마음이 금세 탱자나무 가시처럼 날카로워진다. 그러니까 마음 예보 같은 것이 있다면 아침에 한번, 저녁에 한번, 내 마음 날씨가 어떻게 변하는지 살펴서 어루만져 달래도 주고 혼도 내주면서 얄궂은 엉킴을 예방해보고 싶다. 그러다가 마음 한구석에 쌓아둔 분홍색 실타래 몇개 건져 올려 살구꽃처럼 어여쁜 옷 한벌 떠 입고 싶은 것이다.

살구꽃 같은 어여쁜 옷 한벌 뜨고 싶은 날이면 뜨개바늘을 찾는 대신 운동화 끈을 동여맸다. 봄과 가을에는 사무실에서 가까운 남산을, 여름 저녁에는 인왕산을 올랐다. "퇴근하고 산에 갈까?" 하고 물으면 덥다, 춥다, 힘들다, 이런 군말 없이 함께해주는 다정한 동료들이 있어 가능한 일이다. 사무실 벽시계가 오후 6시를 가리키자마자 운동복으로 갈아입고 물을 가득 담은 텀블러를 챙겨 사무실을 빠져나온다. 요가 바지와 운동화 차림으로 평일 저녁 도심을 활보하는 것만으로도 자유인이 된 기분이 든다.

아스팔트 도로만 벗어나도 온도는 금세 몇도나 떨어지고, 탐방로 안쪽 숲으로 들어가자마자 달궈진 뺨과 이마에 닿는 선선한 바람의 촉감은 순식간에 다른 세계로 넘어온 것 같은 기분을 느끼게 한다. 초록 이끼로 덮인 오래된 나무숲, 이름 모를 벌레와 숨어서 노래하는 새들, 가파른 오르막길 끝에 등장하는 노란 불을 밝힌 서울 성곽 길, 소인국처럼 작아진 산 아래 서울. 청회색 하늘이 조금씩 붉게 물드는 광경 앞에서 마치 엘리스처럼 아스팔트 위 이상한 구멍으로 빨려 들어가 낯선 세계로 넘어온 것은 아닐까 생각하게 된다. 그런 마법이 아니라면 한시간 전까지 조사 보고서 더미에 파묻혀 있었던 나란 존재가 어쩌면 이렇게 까마득하게 느껴질 수 있을까? 그렇지 않고서야 딱딱하게 굳었던 몸과 마음이 이렇게 쉽게 한들한들해질 수는 없다.

정상에 도착할 무렵 하늘은 잘 익은 홍시색으로 변하고 그 빛에 젖은 동료들의 얼굴은 더없이 아름답다. 20년 전 처음 본 그 모습처럼 젊고 생기발랄해 보인다. 우리가 가장 예뻤을 때를 우리는 서로 기억하고 있다. 동네 친구들은 늘 궁금해했다.

너는 어떻게 회사 동료들과 퇴근 후에도 만나고, 주말에도 만나고, 산에 가고, 여행도 가고 그러냐고. 나도 신기하고 궁금하다. 20년 동안 우리가 함께 먹은 밥은 얼마나 될까. 밥을 함께 먹는 사이가 식구라고 정의한다면 동료들은 분명 나의 식구들이다.

오래전 필리핀 인권위를 방문한 적이 있다. 필리핀은 우리보다 15년 이상 앞서 헌법기구로서 인권위를 설립했기 때문에 방문 당시에도 경륜 있는 백발의 베테랑 조사관들이 많았다. 인권침해 사건 조사 중에 조사관이 납치, 실종되는 사건이 발생할 만큼 열악한 인권 상황에도 불구하고 오랜 세월 꿋꿋이 제 할 일을 해온 그들의 모습에 깊은 감명을 받았다. 30대 초반이던 그때, 20년의 세월은 내게 너무도 아득하고 멀고 먼 미래일 뿐이었다. 그 미래에게 미리 말해둘 걸 그랬다. 이렇게까지 열심히 달려올 필요는 없다고.

홍시처럼 익어가던 하늘이 어느덧 잿빛으로 어두워지고, 도시는 불빛으로 다시 살아났다. 숨 막힐 듯 빽빽하게 자리잡은 집과 빌딩들이 낮의 사나움을 버리고 순해지는 순간. 불빛으로 반짝이는 도심이 온화해 보이는 건 내 몸과 마음이 조금 순해졌기 때문인지도 모르겠다. 24시간 노동으로 불이 환한 도시가 순할 리 없을 테니까. 자기 전에 주문하면 새벽에 도착해 있는 택배 상자를 편하다고 생각하면서도 마음 한구석이 불편해지는 것은 나만이 아닐 것 같다. 금잔화가 핀 듯 화려하게 빛나는 도시의 불빛이 다름 아닌 치열하게 살아가는 사람들이 뿜어내는 고단함이란 생각에 이르면 아름다운 풍경을 아름답게만 보기 어렵다.

인권위가 있는 을지로 일대는 물론 명동, 종로, 인사동은 밤거리가 어두울 정도로 빈 상가들이 늘어났다. 대학 시절부터 자주 가던 인사동의 만두 가게 창문에 '임대'라는 커다란 현수막이 걸려 있었다. 한 가족의 밥이고 희망이었을 작은 가게들마다 주인 잃은 간판만이 덩그러니 남아 있다. 볼품없이 내걸린 간판을 도심의 흉물로만 생각했던 적도 있다. 간판만 없으면 도시가 훨씬 더 세련되고 문화적으로 보일 거라면서. 뒤늦게 그 간판들을 다시 바라보게 된다. 주인 떠난 빈 공간에 남겨진 간판들이 쓸쓸하다. 아이 이름 짓듯 신중히 상호를 정하고, 아침이면 유리창을 닦으며 손님을 기다렸을 그 가게의 주인들은 다 어디로 갔을까? 산바람에 잠시 순해졌던 마음이 금세 무거워졌다.

공연히 진지해지는 분위기를 바꾸려는 듯 전직 물리교사였던 동료 K가 질문을 했다(그는 시시때때로 우리에게 과학을 가르치려 노력한다). "저녁노을은 왜 붉을까?" 그를 실망시키지 않기 위해 우리는 열심히 대답한다. "퇴근길이니까 한잔했나보죠?" "낮 동안 부끄러운 꼴을 너무 많이 본 거 아닐까요?" 장난스런 대답들이 이어지는 와중에 우리의 마음을 가장 끄는 대답은 "저녁노을도 다 사정이 있었겠지요"라는 것이었다. 자연현상이야 물리법칙대로 흐르겠지만, 사람 사이 사정은 법칙대로 움직이는 법이 없다. 엇갈리는 주장과 상식에 어긋나는 조치들, 말장난 같은 억지가 가득 담긴 서류 뭉치를 받아들 때 "다 사정이 있겠지"라고 말해보면 어떻게든 시작할 엄두가 났다. 다 저마다의 사정 때문에 이러는 거라고. 불빛으로 반짝이는 도심을 내려다보며 실없는 농담을 주고받는 사이 노동으로 꽉 조여졌던 몸과 마음이 더없이 가벼워졌다. 바람을 타고 인왕산을 내려갈 수 있을 만큼.

오늘도 동료 B에게 말을 걸어본다. "퇴근 후에 산에나 갈까?"

춤출 수 있어야 인권이다

아프리카 세네갈에는 '에콜 데 사블'Ecole des Sables이라는 세계적인 무용학교가 있다. 그 학교 프로그램 중에는 절대로 소리를 내거나 말을 해서는 안 되고 춤을 출 때도 음악을 틀지 못하는 묵언 과정이 있다고 한다. 묵언을 지키며 일주일 동안 춤을 추다보면 귀에서 불현듯 신비로운 악기 소리가 조금씩 들린단다. 그 악기 리듬은 시간이 지날수록 더욱 분명해져서 묵언 중이라는 사실을 잊고 음악에 빠져드는 신비한 경험을 하게 된다고 했다. 무용수들의 지도자는 그 신비한 현상에 대해 이렇게 설명한다.

"우리 모두의 마음에는 각자의 악기가 있고 그 악기의 연주

곡이 마음에 항시 흐릅니다. 우리가 평소에 그 소리를 듣지 못하는 것은 다른 더 큰 소리 때문이죠. 귀를 기울이면 누구나 마음의 악기 소리를 들을 수 있어요." 춤 선생님한테서 듣는 이런 이야기는 그의 춤만큼이나 매혹적이다.

우리가 아프리카 춤*을 배우는 화요일 저녁이면 '몸땀휴'(인권위 직원들의 운동 장소 이름이다) 안은 강한 비트의 아프리카 음악으로 가득 차 방이 터질 듯하다. 우리의 춤 선생님 다니엘은 아프리카 베냉에서 온 세계적인 무용수다. 우리 같은 초보들이 모실 수 있는 지도자가 아닌데, '좋은 일 하는 분들'의 몸과 마음이 춤으로 건강해졌으면 좋겠다며 춤 동호회의 초빙에 기꺼이 응해주었다. 인권 업무를 한다는 이유로 과분한 지지와 사랑을 받을 때가 많다.

우리 춤 동호회의 역사(?)를 들은 이들은 두번 놀란다. 춤과 조사관이라는 어울릴 것 같지 않은 조합도 그렇고, 우리가 재즈와 살사부터 아프리카 춤까지 (코로나19로 잠시 휴지기를 갖기 전까지) 10여년 가까이 춤을 배우고 있다는 데 우선 놀란다. 그것도

---

* 한국에 '아프리카 댄스'로 소개되고 있어 그대로 표현했다. 아프리카 대륙에는 55개 나라가 있고 수천개의 민족이 살고 있으며, 민족마다 춤의 종류도 다양하다. '젬베 댄스' '만 딩고 댄스' 등 다양한 이름이 있고 타악기 연주에 맞춰 추는 동작은 강력하고 힘차다. 원초적인 동시에 매우 현대적인 춤이다.

오리 엘비스*나 다니엘과 그의 아내 권이은정 같은 세계적인 무용수를 스승으로 모시고! 두번째로 놀라는 것은 우리의 멋진 춤을 보고 난 후이다. "아… 아니… 그런데… 정말 10년 넘게 춤을 추신 거, 그, 그거 정말입니까? 하하하." 아, 왜들 그렇게 놀라시는지… 아무튼 우리의 춤 실력은 상상에 맡기고 싶다.

독일 정부가 운영하는 예술가들을 위한 프로그램에 대해 들은 적이 있다. 예술가들은 로마에 있는 숲으로 둘러싸인 대저택 '빌라 마시모'에서 1년 동안 숙식을 제공받으며 조건 없이 원하는 창작 활동을 할 수 있다고 한다. 그런 곳에서라면 공인된 예술인은 되지 못하더라도 누구나 아티스트의 시간을 살 수 있을 것 같다. 어느 시인이 호텔의 전망 좋은 방을 1년 동안 쓰게 해주면 호텔 홍보대사가 되겠다는 제안을 했다가 구설수에 올랐던 적이 있다. 그 기사를 보면서 시인이 빌라 마시모에서 살듯 특급 호텔에서 1년을 보내고 싶었던 것은 아닐까 하는 생각을 했었다. 평범한 내게 만약 그런 기회가 주어진다면 무엇을 하며 1년을 보낼까? 벽돌같이 두꺼운 책들을 산만큼 쌓아두고 읽을까? 아니다, 문자로 된 세계에는 근처도 가지 않고 산보하

• 정호현 감독의 다큐멘터리 「쿠바의 연인」(Novio Cubano, Cuban boyfriend, 2010)의 주인공이다.

고 뜨개질하고 바오밥나무 아래서 춤을 추다가 달빛을 맞으며 노래를 부르리라. 아, 그냥 상상하는 것만으로도 행복하다.

한 나라의 인권의 수준을 가늠하는 다양한 지표들이 있다. 미국 서부의 한 도시는 강물로 회귀하는 연어의 수를 인권의 지표로 삼는다고 한다. 연어가 회귀할 수 있는 강이 있는 도시라면 사람이 살기도 좋은 인권 도시가 분명할 것이다. 나에게 인권 지표를 개발하라고 한다면, 숙식 문제를 걱정하지 않는 시인의 수와 막춤일망정 일주일에 한번 이상 춤을 추는 사람들의 숫자를 여기에 포함시키고 싶다. 이러한 권리를 '표현의 자유'라든지 '문화 향유권' 같은 거창한 말로 설명하지 않고 '걱정 없이 춤추고 시 쓰며 살 권리'라고 표현한다면 인권이 얼마나 쉽고도 다정하게 들릴까? 인권위법의 인권의 정의 역시 이렇게 쉽게 고치고 싶다.

"시를 쓰는 것이 인권이다. 춤출 수 있어야 인권이다."

인권위법을 내 마음대로 고칠 수는 없지만, 대신 우리에게는 마음껏 춤을 출 권리가 있다. 몸땀휴가 아프리카 초원인 듯 춤을 추는 이유다. 춤추는 이유가 너무 거창한가? (그래서 춤 실력이 늘지 않는 것일까?)

반려묘 불이에게 배운 것

아침에 일어나 침실 문을 열면 우리 집 고양이 '불이'不二(모든 현상은 끊임없이 이어지므로 다른 것이 아니라는 의미로 '불이'라고 지었다)가 나를 반긴다. 촐랑이며 달려드는 법이 없이 요가를 하듯 천천히 자세를 고치고 런웨이를 걷는 모델처럼 한발 한발 우아하게 다가온다. 녀석이 앉아 있던 자리가 다른 곳보다 따끈하다. 체온으로 바닥을 데울 만큼 그 자리에서 오래 기다린 모양이다.

나는 녀석처럼 우아하지 못하여 호들갑스럽게 그 부드러운 덩어리를 덥석 끌어안고 얼굴을 비비며 아침인사를 한다. 녀석은 "냐옹" 하고 대답하며 온몸에 힘을 쭉 뺀다. 그러고는 더 말랑해진 몸을 나에게 완전히 맡긴다. 차갑고 촉촉한 코끝을 내

코끝에 대며 냄새를 맡고, 혀로 얼굴을 핥는다. 녀석의 혀는 앞쪽은 마시멜로처럼 부드럽지만 뒷부분은 까끌까끌하다. 꼬리를 좌우로 천천히 흔들고 회녹색의 커다란 눈으로 나를 응시하면서 심장에서 갸릉갸릉 소리를 내는 것으로 자신의 기분을 보여준다.

매순간 오감을 다 펼쳐서 살아가는 고양이라는 존재 덕분에 감각의 즐거움을 배운다. 촉각이 존재의 관계에 미치는 특별함을 생각하게 된다. 사랑하는 이의 냄새를 맡고, 따스함, 부드러움, 말랑함, 촉촉함 같은 느낌들을 주고받는 행위는 얼마나 특별한가.

불이는 2021년 봄 세상을 떠났다. 회녹색 눈동자, 백설기처럼 흰 오동통한 입가, 캐러멜색의 보드라운 털을 가진 아비시니안 여덟살 불이가 떠나던 새벽, 우리 가족은 신음하는 불이 곁에 앉아서 방바닥으로 눈물만 뚝뚝 떨어뜨렸다. 불이가 심각한 병에 걸린 것이 잘 보살피지 못한 내 탓인 것만 같았다. 털은 여전히 보드랍고 눈빛은 유리알처럼 반짝이는데 이 아이를 다시는 안을 수도, 쓰다듬을 수도, 함께 낮잠을 잘 수도 없다니 믿어지지가 않았다. 불이는 30분쯤 깊은 숨을 몰아쉬고 가끔 "야옹야옹" 신음 소리를 내다가, 갑자기 아들을 향해 발을 쭉쭉 뻗으며 울었다. 안아달라고, 살려달라고 했다. "불이야 괜찮아, 괜찮아. 이제 아프지 않을 거야. 미안하다." 할 수 있는 일은 고작 그런 말뿐. 불이는 마치 알아들은 듯 잠시 다시 숨을 고르더니 깊은 숨을 세번 몰아쉰 후 이 세상과 영영 작별했다.

깜깜했던 베란다 밖으로 훤하게 동이 트기 시작했다. 죽기에 좋은 계절이 어디 있을까마는 그래도 봄, 여름, 가을 그리고 겨울 중에는 나무에 물이 오르고 산에 진달래와 매화가 분분한 3월이 좋을 것 같다. 베란다 아래, 목련나무 꽃봉오리가 막 터지려는 순간, 목련꽃 같던 우리 불이가 생을 마쳤다. 피고 지고 썩고 다시 움이 트듯, 시작이 있으면 끝이 있다. 이 모든 일이 자연의 한 과정인 줄은 알지만 내가 사랑하는 존재에 관한 것일 때 그것은 하나도 자연스럽지 않고, 당연한 것도 아니다.

따뜻한 물수건으로 불이 몸에 묻은 오물을 닦아주는데, 몸은 아직 따뜻하고 눈도 반짝반짝한 것이 금세 '야옹' 하면서 일어날 것만 같았다. 불과 한달 사이에, 몸에서 뼈를 유지할 수 있는 만큼의 살만 남고 전부 사라져버렸다. 얼굴을 만지면 목둘레가 박카스병처럼 얇아진 것이 느껴졌다. 우리 가족은 조용히 눈물만 흘렸다. 세상에 태어나 아무런 죄도 짓지 않고 오직 사랑만 주고는 조용히 자연으로 돌아가는 존재여. 그 귀한 존재로부터 흠뻑 사랑을 받으며 사랑에 대해 다시 배웠다. 같이 사는 동안 단 하루의 예외도 없이 문 앞으로 달려와서, 막 사랑에 빠진 애인처럼 끌어안아주고 핥아주고 갸르릉 노래를 불러주던 불이. 여름 모시 이불을 반으로 잘라 아이를 싸서 잘 묶었다. 미리 준비해둔 상자가 조금 작아 불이 몸이 웅크린 자세가 되었다. 좀처럼 감정 표현을 하지 않는 아들이 불이를 상자에 담으면서 꺼억꺼억 소리 내서 울었다.

미세먼지가 있기는 했지만 햇살과 바람이 부드러운 아침이었다. 숲의 부엽토는 적당히 축축하고 포실포실했다. 봉분 없이 평평하게 묻어주고 그 위로 낙엽을 듬뿍 덮어주었다. 아침 햇살이 기도하는 우리의 등 뒤로 떨어져 불이가 묻힌 자리에 길게 그림자를 만들었다. 햇살이 온종일 비추는 따뜻한 곳이라는 것을 알 수 있었다. 친구의 조언대로 지인의 땅에 묻어 자연으로 돌아갈 수 있도록 하길 잘했다는 생각이 들었다. 평생을 집 안에서만 살았던 우리 불이가 탐욕도 시기도 질투도 없는, 세상 무고한 존재들이 주인공이 되는, 생육의 에너지로 가득한 숲으로 돌아갔다고 생각하니 조금 위안이 되었다. 녀석은 그곳에서도 예의 그 호기심 가득한 회녹색 눈을 반짝이고 있을 것 같다.

불이와 살면서 고양이에 대해 배운 것보다 사람에 대해 깨닫게 된 것이 훨씬 많았다. 인간만이 생각하고 유희하는 유일무이한 존재라고 규정하는 것이 얼마나 무지하고 오만한 일인지, 인간이 아닌 동물과 가족으로 살면서 비로소 알게 되었다. 불이와 살기 전까지 강아지처럼 현관으로 달려나오는 고양이가 있다는 것을 믿지 못했다. 달려나올 뿐 아니라 현관 도어락 비밀번호를 누르는 속도의 차이로 아빠, 엄마, 오빠를 구별하는 능력을 보여주었다. 원할 때 어디든 털썩 누워 쉬고, 때때로 몸을 식빵처럼 웅크리고 조용히 무언가를 응시하는 녀석을 볼 때마다 마음이 편안해졌다. 쉬어야 할 때 쉬고, 멈춰야 할 때 멈추는 능력, 그것은 현대의 많은 인간들이 오래전 잃어버린 능력이었다.

집 밖은 말할 것도 없고 집 안에서도 끝임없이 종종거리지 않으면 게으르고 나태한 것 같아 쉽게 죄책감에 빠지는 나에게 불이는 알려주었다. 쳇바퀴에서 내려와 잠시 쉬어도 괜찮다고. 절대적 환대나 신뢰라는 게 가능하냐고 회의하던 나에게 그 실체를 온몸으로 보여준 것도 녀석이었다. 인권활동가 홍은전은 고양이를 사랑하게 된 후에 '좋은 사람'이 아니라 '좋은 동물'이 되고 싶어졌다고 고백했는데˚ 나 역시 불이와 살면서 인간이 아닌 동물의 고통을 비로소 알게 되었다.

어느 사극 드라마 제작 현장에서 말이 숨지는 사고가 있었다. 낙마 장면을 찍기 위해 말의 발에 줄을 묶고 억지로 고꾸라지게 하다가 말의 목이 꺾여 사망에 이른 것으로 알려졌다. 청와대 국민청원 게시판에 드라마 방영 중지 청원이 올라올 정도로 동물학대 비난 여론이 거셌다. 말이 쓰러지는 순간을 뉴스에서 보다가 눈을 감아버리고 말았다. 교통사고 촬영을 위해 자동차를 강제로 전복시키는 것과 조금도 다르지 않은 장면이었다. 말은 살아 있는 생명이 아닌가. 관련 기사를 찾아보다가 사극 촬영에 등장하는 말들 대부분이 경주용으로 키워졌다가 늙거나 병든 후에 값싸게 팔려온 동물들이라는 것을 알고 더욱더 안타까웠다. 인간의 즐거움을 위해 달리고 달리다 결국 낡은 자동차처럼 폐차되는 생명이라니. 많은 사람들이 질문을 던지고 있었다. 우리가 인간이란 이유로 다른 동물을 그렇게 대우할 권리가 있는 걸까?

한 방송에서 낭만적인 겨울 행사로 물고기 '축제'를 소개했다. 화면에는 장화를 신은 수백명의 사람들이 비닐 풀장 안에

● 홍은전, 앞의 책.

서 '신나게' 물고기를 맨손으로 때려잡고 있었다. '놀이도 하고 즉석에서 맛볼 수 있는 즐거운 행사'라는 브이제이의 설명을 따라 카메라는 바로 옆 간이식당에서 회로 쳐지거나 연탄불에 구워지는 물고기들을 비췄다. 그 사이사이 산 채로 길바닥에 버려져 아가미를 헐떡이는 물고기들이 보였다. 코로나19로 잠시 중단되었던 이 행사는 겨울철 가장 인기 있는 지역 축제 중 하나였다. '축제용'으로 '사용'되는 물고기들은 행사의 흥을 더하기 위해 오래 굶긴 뒤에 물에 풀어놓는다고 한다. 어차피 사람에게 먹힐 동물이라고 해서 아무렇게나 죽이고, 재미 삼아 고통을 가해도 되는 걸까?

　동물혐오 범죄 사건은 헤아릴 수 없을 만큼 많다. 고무줄로 입 주변이 칭칭 감긴 채 학대받던 개가 거리를 헤매고 있었다는 소식, 화풀이로 불태워진 수십마리 고양이들, 엄마 곰이 쓸개에 호스가 끼워져 웅담 즙을 빨리던 새끼 곰을 데리고 탈주했다는 소식… 언론 매체를 통해 알려진 여러 사례들은 그나마 우리가 공분하며 범죄자의 단죄를 촉구할 수 있어 다행이라 할 수 있다. 그러나 역사학자 유발 하라리의 말처럼 언젠가 인류사에 가장 잔혹했던 홀로코스트로 기억될 공장식 축산의 문제는 우리가 직접 보지 않기에 침묵할 수 있고, 방역을 이유로 자행되는 수만수억마리의 가축 살처분 또한 인간을 위한 것이어서 외면할 수 있는 것일까. 생명 있는 모든 것은 어떤 상황에서도 생존을 위해 몸부림친다. 가축 살처분 방역 업무를 했던 노동자들이 심각한 트라우마를 호소하지만 다른 대안을 찾는다는 소식은 들리지 않는다. 전염병 확산을 막는 것은 살처분이 아니라 공장식 축산을 중지하는 것이라는 목소리는 외면되고 우리는 침묵한다. 그것이 지금처럼 값싼 고기를 먹는 가장 효과적인 방법임을 알기 때문에.

"모든 인간은 태어날 때부터 자유로우며 그 존엄과 권리에 있어 동등하다." 세계인권선언문 제1조의 이 문장이 인류의 약속이 되기 전까지 모든 인간은 똑같이 존엄하지 않았다. 존엄은 쟁취된 것이지 저절로 생겨난 것이 아니다. 마치 하늘에서 툭 하고 존엄함이 떨어져 인간의 뼛속에 박힌 것처럼, 우리가 우리를 존귀한 존재라고 믿기로 약속했기 때문에 모두가 존귀할 수 있었다. 우리는 인류의 이 약속을 지키기 위해 귀족만, 백인만, 남자만, 비장애인만, 이성애자만 들어갈 수 있던 존엄의 테두리를 계속 넓혀온 역사를 알고 있다. 그 역사의 페이지마다 형언할 수 없는 살육과 전쟁이, 배제와 차별이 자리잡고 있으며 이 약속을 지키기 위한 투쟁은 현재진행형이다.

나는 생각해본다. 그 존엄을 위한 투쟁이 이제 인간이 아닌 다른 동물의 영역으로 확장되어야 하는 때가 아닌가. 20년 가까이 인권으로 밥벌이해오면서도 동물의 고통에 대해 생각하지 못했었다. 온 마음을 다해 나를 사랑해준 한 동물로 인해 겨우 알아차리게 되었다. 독일의 철학자 페터 비에리가 『삶의 격』에서 말한 것처럼 존엄이란 주어지는 것이 아니라 남이 나를 어떻게 대하는가, 나는 남을 어떻게 대하는가, 나는 나에게 어떻게 대하는가의 문제라면,* 그것은 반드시 사람과 사람 사이의 관계 맺음에 한정될 수 없고 사람과 다른 동물, 자연과의 관계 맺음을 통해 확장된다고 생각한다. 좋은 인간을 넘어 좋은 동물이 된다는 것은 어쩌면 우리가 삶을 가장 존엄하게 살아가는 방법이 아닐까.

점심 무렵 인권위 옆 작은 공원에 비둘기 밥을 주는 여인이 나타난다. 비둘기들은 횡단보도 너머에 여자가 서 있을 때부터 구구구 소리를 내며 공원 앞으로 모여들었다. 평화의 상징에서 눈살을 찌푸리게 하는 존재가 된 비둘기들, 나는 아무 감정 없이 새들을 지나치곤 했는데, 어느 날 뜨거운 아스팔트 위의 그

---

* 페터 비에리 『삶의 격』 문항심 옮김, 은행나무 2014, 13면.

붉은 발을 보고 말았다. 발톱이 뜯겨나가 상처투성이가 된 비둘기의 붉은 발은 자동차 타이어도 녹일 듯 뜨겁게 달궈진 아스팔트 위에서 차와 인파를 피해 먹이를 찾다가 잠시 쉴 곳을 찾아 날아올랐다. 우리가 그러하듯, 살아 있는 모든 존재들은 온 힘을 내서 살아간다. 비둘기의 붉은 발을 응시하며 생각했다. 우리는 다른 동물과 자매가 되는 존재일 수 없을까?